매직 스플릿

MAGIC SPLIT

자산과 현금흐름이 동시에 불어나는 새로운 투자 시스템

매직 스플릿

박성현 지음

경이로움

나는 절대 잃지 않는 투자를 해야만 했다

2006년 결혼을 했고 보증금 500만 원에 월세 25만 원짜리 옥탑방에서 신혼을 시작했다. 웬만하면 전세를 얻어 사는 게 일반적이지만 워낙 돈이 없었다. 그리고 2년 후 리먼 브라더스 사태가 터졌다.

당시 두 달간 주식으로 날린 돈이 5,000만 원이었다. 보증금 500만 원짜리 월셋집에 사는 사람이 95% 손실을 봤다. 세상이 무너지는 것 같았다. 마이너스 95%를 경험한 사람이 얼마나 될까? 나는 그걸 경험한 사람이다. 그 경험이 있었기에 절대 잃지 않는 투자를 고민했다. 그나마 손에 든 250만 원을 지켜야 했으니까.

그렇게 탄생한 것이 바로 '매직 스플릿'이다. 매직 스플릿의 시작을 거슬러 올라가면 '세븐 스플릿'을 빼놓을 수 없다. 나의 전작 『세븐 스플릿』

을 읽은 독자라면 스플릿(분할)의 개념을 알고 있을 것이다. 세븐 스플릿이 분할매수-분할매도 투자 철학이라면, 매직 스플릿은 세븐 스플릿 철학을 기반으로 개발한 투자 프로그램 명칭이다.

즉, 세븐 스플릿이라는 투자 철학을 시스템으로 완성한 것이 매직 스플릿인 셈이다. 전작이 투자 방법의 이해를 돕기 위한 기본서라면,『매직 스플릿』은 구체적이고 고도화된 분할매수-분할매도 프로그램을 쉽게 다룰 수 있도록 한 실전 입문서라고 할 수 있다.

스플릿의 힘

나는 주식 투자로 돈 잃는 일에 도가 튼 사람이었다. 18년간 손해만 봤다. 밑 빠진 항아리에 물 붓는 식의 투자였다. 급기야 주식 투자로 돈 버는 일이 정말로 가능한지 의구심마저 들었다. 주식이 도박처럼 느껴져 진짜 도박에 한눈을 팔기도 했다. 역시나 운은 내 편이 아니었다. 계속 잃으니 한편으로는 오기도 생겼다. 몇 개월 동안 도서관으로 출퇴근하며 여러 블랙잭 책을 반복해서 읽었다. 블랙잭을 섭렵해 블랙잭 게임에 다시 도전했다. 그 결과 소액이지만 꾸준히 따기 시작했다.

돌이켜보니 이때의 경험이 투자 철학을 갖추고 수익을 내는 데 여러모로 보탬이 되었다. 카지노 도박과 주식 투자는 비슷하면서도 다른 면이 공존한다. 특히 눈에 드러나지 않는, 탐욕의 절제가 중요하다.

세상에는 수없이 많은 투자론, 투자법이 존재한다. 당연히 투자자의 지식, 성격, 투자금 등에 따라 선택이 달라지고 유불리도 갈린다. 여러 투자 비법 가운데 나와 잘 맞는 방법이 분할매수-분할매도였다. 이 방법을 투자에 활용하면 투자자의 지식, 성격, 투자금 크기와 상관없이 최악의 경우라도 잃지 않는 투자 정도는 가능하다.

잃지 않는 투자만 할 줄 알아도 절반 이상은 성공한 셈 아닌가. 버는 건 나중 일, 원금을 지켜내는 투자가 우리 몸에 익어야 한다. 원금을 잃고 고통받는 분들에게 매직 스플릿 프로그램을 활용하면 잃지 않는 투자, 소액이나마 꾸준히 수익을 만드는 투자가 가능하다는 걸 알리고 싶었다.

수익을 바라는 마음에는 초보가 없다. 오늘 계좌를 열어 처음 투자에 나선 초보자도 수익을 원한다. 시험 삼아 주식을 하는 사람은 없다. 그러나 현실은 투자자 대부분 손해만 보고 승산 없다고 포기한 채 시장을 떠나기 일쑤다. 안타까운 일이다. 투자 원칙이나 철학 없이 남들이 좋다고 해서 따라 하는 투자로는 승산이 없다. 더군다나 시시때때로 우리를 찾아오는 탐욕과 공포 심리까지 이겨내야 하는 것이 주식 투자다. 그래서 주식이 어렵게 느껴진다.

매직 스플릿 투자는 투자자의 여러 고민을 해결하고 보완하는 데 도움을 준다. 왜 주식을 나누어 사고 나누어 팔아야 하는지, 인간의 나약한 멘털에 흔들리지 않도록 시스템에 맡겼더니 그 결과가 어떠한지, 경제적 자유를 얻는 데 이 도구가 얼마나 유용한지 등 그동안 내가 겪고 깨달은 바를 여러분과 공유하고 싶었다. 강력한 집필 동기다.

초보자도 쉽게 할 수 있는 투자

투자에 성공하기 위해 특별한 능력을 갖추거나 큰 운이 따라야 한다고 생각하는 사람들에게 해주고 싶은 이야기가 있다. 대중은 큰 성공을 거둔 누군가의 이야기에 관심이 많고, 그 성공담을 듣기 원하며 신뢰한다. 그 기준에 턱없이 부족한 나는 내세울 만한 것이 딱히 없다. 나는 주식 투자 전문가가 아닐뿐더러 투자 고수도 아니다. 동네를 거닐다 흔히 마주치기도 하는, 왠지 팔자 좋아 보이는 그런 중년 아저씨다. 소박하게 자평하자면, 크게 성공했다기보다 '경제적 자유'를 획득한 일이 그나마 성과라면 성과다. 그게 전부다. 투자에 엄청난 소질이 있다거나 투자마다 대박을 터트리는 천재도 아니다. 특별하지 않고 잘난 것도 없다. 오히려 주식으로 잃어본 경험은 수없이 많다.

그러니 나의 이야기가 '크게 성공한 투자자가 강조하는 특별한 비법'이라고 오해하지 않으셨으면 한다. 다만 상승장이든 하락장이든 그리고 횡보장이든 관계없이 절대 잃지 않는 투자가 없을지 고민했고, 나름의 방법을 찾았다. 그리고 달러 투자와 주식 투자에 적용해 꾸준히 수익을 만들어 냈다. 그 방법을 시스템으로 구현한 것이 매직 스플릿이다.

달러 투자에 이어 주식 투자로도 돈을 번다고 알려지니까 투자 비법을 묻는 분들이 많다. 특별한 비법은 없다. 나누어 사고, 나누어 판 게 전부다. 내리면 나누어 사고 오르면 나누어 파는 일을 반복했을 뿐이다. 진심으로 밝히건대 이 책은 소수의 고수만 할 수 있는 특별한 비법서가 아니다. "오래전부터 투자 세계에서 정설처럼 여겨지는 '나누어 사고 나누어 팔아라'라는 말, 그 조언을 시스템화해 투자에 적용했더니 진짜 수익이 나더라"라는 투자 경험이다.

여러분의 분할매수-분할매도 마인드를 갖추는 데 나의 이야기가 도움이 되기를 바란다. '공부 없이 따라 하는 투자', '탐욕으로 가득한 투자', '기준 없이 휘둘리는 투자'를 머릿속에서 지워내자. 그리고 매직 스플릿을 투자에 활용하자. 이를 통해 주식 매매를 한 결과 데이터는 모두 공개하고 있다. 백 마디 말보다 믿음직한 건 눈으로 확인 가능한 데이터다.

이 책의 가장 훌륭한 리뷰가 무엇일지 생각해보았다. '따라서 했더니 정말 수익이 났다'라는 평일 것 같다. 우울한 파란색 계좌가 빨간색 희망으로 바뀌었다는 이야기, 스트레스를 덜 받아 마음이 편해졌다는 이야기가 최고의 리뷰일 것이다. 그런 리뷰를 기다린다.

사연 없는 돈은 세상에 없다. 눈물겨운 사연의 결정체가 돈인 까닭에 모든 돈이 소중하고 귀하다. 힘겹게 마련한 투자금을 잃을까 봐 전전긍긍하지 말자. 꾸준히 수익을 내주는 매직 스플릿 투자라면 충분히 가능한 일이다.

선을 넘는 용기

안전한 투자에 눈을 뜨면서부터는 바쁜 와중에도 틈틈이 블로그에 글을 쓰는 일을 게을리하지 않았다. 쓴 글들의 일관된 주제 중 하나가 원금을 지키며 꾸준히 수익을 냈다는 것이다. 그리고 (나의 동의 없이) 남들이 일방적으로 정해둔 '선(線)'을 넘는 일에 관한 것이다.

선을 못 넘고 우물에 갇히면 변화는 일어나지 않는다. 삶을 바꿀 수 없다. 용기 내어 선을 넘어 우물 밖에서 세상을 봐야 한다. 본문에서도 언급하겠지만, 눈앞에 가로놓인 선을 과감히 넘을 때 기회가 눈에 띄더라. 지금까지 살아온 내 경험이 그랬다. 투자 세계에서는 특히나 더 과감하게 선을 넘는 결단이 중요하다. 용기를 내서 딱 한 걸음 내디디면 그동안 알지 못했던 새로운 세계가 펼쳐진다. 넘어본 사람들만 알 수 있는 그 세계를 여러분과 함께 누리게 되길 바란다.

나는 지금도 수익을 만드는 데 도움이 되는 아이디어를 매직 스플릿 프로그램에 반영해 업데이트한다. 동시에 전문가의 조언을 참고해 이 투자 프로그램을 날로 고도화시키는 중이다. 현재 서비스 중인 달러 투자와 국내 주식, 해외 주식 외에도 금이나 원유, 가상화폐까지 기본적으로 가격 변동성을 가진 투자 대상이라면 세븐 스플릿 투자법을 활용할 수 있다고 생각한다.

현재 가칭이지만 '코인 스플릿'이라는 프로그램으로 비트코인 등 가상화폐 투자를 해보려는 계획도 가지고 있다. 코인의 경우 가능성을 살펴 긍정적인 결과와 데이터가 나오면 공유할 생각이다.

8년 전, 퇴직 후 백수 신세가 되었을 때 시간이 많아 소일거리로 벚꽃 나무 묘목을 사다가 집 옆에 심었다. 올봄 녀석은 벚꽃을 만개하며 나를 즐겁게 해주었다. 100만 원어치 달러를 사고팔아 하루 5,000원 정도 벌면서도 신나던 그때 이 벚꽃 나무 묘목을 5,000원에 산 기억이 생생하다. 1미터가 안 되는 키에 꽃봉오리 하나 피우지 못했던 나무가 어느새 성큼 자라 '만개'했다. 말 그대로 꽃봉오리 '만 개'를 피워냈다. 돌이켜보니 나의 투자 실력도 자산도 이 나무와 비슷하게 자라온 것 같다.

8년 전 나무를 심으며 이런 생각을 했다.

'이게 과연 잘 자랄까?'
'꽃은 필까?'

지금은 이런 믿음으로 바뀌었다.

'당연히 앞으로 더 크겠지!'
'내년에도 벚꽃은 만개할 거야!'

　여러분의 투자 실력과 자산도 나날이 성장하기를 응원한다. 아울러 여러분이 '경제적 자유'를 앞당기는 데 이 책이 조금이나마 보탬이 되기를 진심으로 바란다.

박성현

차례

| 들어가는 글 | 나는 절대 잃지 않는 투자를 해야만 했다 004

1장 지금 당신에게 필요한 부의 추월차선

부자들의 세계 018

직장인은 평생 일해도 부자가 될 수 없다 022

경제적 자유의 길로 가는 조건 028

선을 넘는 생각, 선을 넘는 투자 033

선을 넘으면 보이는 것들 039

잃고 나서 깨달은 '절대 잃지 않는' 방법 043

달러든 주식이든 투자 메커니즘은 같다 048

스트레스 없는 투자가 가능한 이유 052

2장 투자의 진화, 스플릿-세븐 스플릿-매직 스플릿

투자 아이디어의 시작, 스플릿 058

기다림의 미학? 마냥 기다리면 돈이 '돌' 된다 061

아주 작은 수익의 힘 067

기쁨은 나누면 배가 되고, 주식은 나누면 수익이 된다 070

투자 고수의 손절 타이밍 076

세븐 스플릿으로 가치투자를 완성하다 081

세븐 스플릿 7원칙 084

꿈을 현실로 만드는 마법, 매직 스플릿 093

좋은 기업을 찾는 현실적인 방법 098
└ 잃지 않는 안전한 주식 체크리스트

현명한 가치투자자의 퀀트 투자 105

매수와 매도 기준점 잡기 111

주식 투자로 큰돈 버는 가장 확실한 방법 120

[별면] 실거래 사례로 본 매직 스플릿의 위력 123

3장

매일 수익이 나는 마법의 시스템, 매직 스플릿

매직 스플릿의 특별함은 '분할매도'에 있다 128

시작하기 전에 준비해야 할 것들 136

매직 스플릿 실행 가이드 140
└ 매직 스플릿 로그인
└ 자동 로그인에서 수동 로그인으로 바꾸는 방법

프로그램 사용법① 메인 화면 146
  └ 실시간 잔고
  └ 매매 내역
  └ 미체결 목록
  └ 일반 주문
  └ 종합 차트

프로그램 사용법② 기본 설정 151
  └ 대표 계좌 설정
  └ 그리드 높이 설정
  └ 수수료 설정
  └ 시작 화면 설정
  └ 체결 통보창 설정
  └ 화면 자동정렬 설정

프로그램 사용법③ 자동매매 전략 설정 157
  └ 기본 매매 설정
  └ 자동매매 설정 관리

프로그램 사용법④ 자동매매 옵션 164
  └ 종목별 자동매매 설정 및 변경
  └ 자동매매 동작 체크
  └ 자동매매 로그

프로그램 사용법⑤ 매매 내역 170
  └ 선택 종목 매매 내역
  └ 모든 매매 내역

[별면] 매직 스플릿 클라우드 서비스 173

MAGIC
SPLIT

4장 따라만 해도 돈 버는 실전 매매 및 활용 전략

실전 매매 전에 알아야 할 것들 178
└ 증권사 HTS와 매직 스플릿이 함께 동작하는 경우
└ 증권사 HTS만 켜진 경우

매매 전략① 투자금 설계 181

매매 전략② 매수 종목 선정 185

매매 전략③ 계좌 관리 188

활용 전략① 매매 내역 관리 193

활용 전략② 자동감시 주문 198
└ 예약 매수
└ 수익 부스터

활용 전략③ 과거 거래 내역 조회 208

활용 전략④ 매직 스플릿 모바일 앱 212
└ 잔고
└ 차수 정보
└ 매매 내역
└ 자동매매 내역
└ 계좌 변경
└ 주문

| 나가는 글 | 당신의 경제적 자유를 응원한다 220

MAGIC
SPLIT

1장

지금 당신에게 필요한
부의 추월차선

부자들의 세계

MAGIC SPLIT

사람들이 투자를 하는 이유는 분명하다. 부자가 되기 위해서다. 그렇다면 얼마를 벌어야 부자인 걸까?

KB금융지주에서 해마다 발간하는 「한국 부자 보고서[1]」에서는 '금융자산을 10억 원 이상 보유하고 거주용 주택을 포함한 부동산자산을 10억 원 이상 보유한 사람'을 '부자'로 보았다. 부자 기준이 모호한 면이 없는 건

---

1   www.kbfg.com/kbresearch/report/reportView.do?reportId=2000448

      매직 스플릿

아니다. 그렇더라도 주위에서 금융자산 10억 원 가진 사람을 찾아보기가 쉽지 않으니 수긍하기 어려운 기준은 아닌 것 같다.

자료에 따르면 2023년 기준 금융자산 10억 원 이상을 가진 부자는 약 45만 6,000명이고, 이들의 자산을 다 더하면 약 2,747조 원이다. 이들의 포트폴리오를 살펴보면 부동산자산 56.2% 금융자산 37.9%, 기타자산 5.9%다. 부동산 투자 중 '거주용 부동산'은 주택 가격 하락의 영향으로 전년 대비 손실 경험이 증가한 반면, 금융상품 투자에서 수익 경험이 20.3%, 손실 경험이 16.3%로 수익 경험이 더 많았는데, 특히 주식과 펀드에서 손실 경험이 작년 대비 감소하고 수익 경험이 증가하면서 금융투자 전체적으로 수익 경험이 우세한 것으로 나타났다.

이 외에도 「2023 한국 부자 보고서」에는 한국 부자들의 현황 및 지난 1년간 투자 포트폴리오와 성과 등에 대한 흥미로운 사실들이 많이 있다. 그러나 여기서는 '부자들이 앞으로 어디에 자산을 투자해서 수익을 내려고 계획하는지'를 중점적으로 살펴보고자 한다.

부자는 어디에 돈을 투자할까

부자들은 '2024년에 금융자산을 어떻게 운용할 계획인가'라는 질문에 90% 이상이 향후 예적금과 주식을 제외한 대부분 금융상품에 대해 현재의 '투자금을 유지하겠다'고 답했다. '향후 투자금을 늘린다면 어디에 투

2024년 금융자산 운용 계획

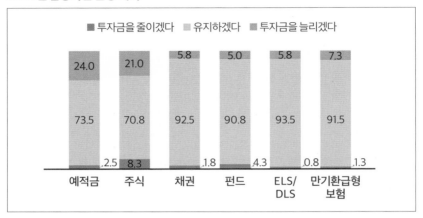

자하겠는가'라는 질문에는 '예적금'(24.0%)과 '주식'(21.0%)이 가장 매력적인 투자처라고 답했다. 자료에 따르면 개인 심층 인터뷰 결과, 부자들은 금리, 주가, 시황 분석 등 투자 환경 변화를 주시하고 기민하게 판단하여 투자 시기를 선택했고, 향후 주식과 채권 투자를 계획한다는 응답이 많았다고 한다.

또한 향후 1년 이내 단기에 고수익이 예상되는 투자처로 ①주식 > ②거주용 주택 > ③금이나 보석 > ④거주용 외 주택을 꼽았다. 3년 정도 중장기적으로 고수익이 기대되는 유망 투자처도 동일하게 거주용 주택과 주식을 최우선으로 꼽았다. 2022년에는 '거주용 외 주택', '거주용 주택', '빌딩·상가', '토지·임야' 등 부동산을 우선순위로 꼽고 '주식'과 '금·보석'은 후순위였던 것에 비하면 흥미로운 결과다.

매직 스플릿

중장기 고수익 예상 투자처

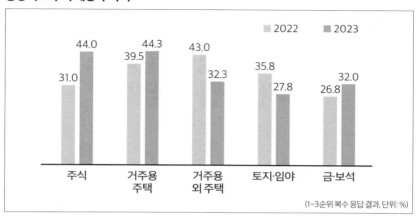

(1~3순위 복수 응답 결과, 단위: %)

부자들이 생각하는 '부자의 기준'도 흥미롭다. 그들은 금융과 부동산을 포함해 100억 원 이상 가져야 부자라고 생각했다. 현재 자산 형성에 가장 많이 도움이 된 원천은 근로소득(11.3%)이 아닌 사업소득(31.0%)이었고, 소득에서 지출을 뺀 투자 가능 자산과 부채의 적절한 활용, 효과적인 자산 배분 전략이 부를 키우는 동력이라고 답했다.

자수성가형 부자는 42세에 자산가가 되는 데 필요한 종잣돈 7억 원을, 금수저형 부자는 40세에 8억 7,000만 원을 마련했다는 점도 눈길을 끈다. 자수성가형 부자는 비교적 소규모로 투자가 가능한 금융상품, 특히 주식에 주로 투자했으며 금수저형 부자는 대규모 위주의 부동산을 활용해 자산을 불렸다. 우리나라 부자들이 어떤 생각으로 어떤 투자를 선호하며 전략을 어떻게 활용하는지 엿볼 수 있는 자료다.

직장인은 평생 일해도
부자가 될 수 없다

MAGIC SPLIT

직장인이 최소한의 돈만 사용하면서 꾸준히 돈을 모으면 언제 경제적 자유를 이룰 수 있을까? 많은 사람이 궁금해하는 질문 중 하나다. 결론부터 말하자면 평범한 직장인의 경우 근로소득만으로는 절대 경제적 자유를 이룰 수 없다. 불가능하다.

이는 간단한 계산으로도 알 수 있다. 먼저 경제적 자유를 누리는 데 필요한 최소의 자금, 여러분이 1년 동안 쓸 생활비를 알아보자. 그리고 내가 몇 살까지 살지 기대 수명을 예측하자. 이 둘을 곱하면 된다. 예컨대 한 달

매직 스플릿

순수 생활비가 300만 원이라면 1년간 필요한 생활비는 3,600만 원(300×12)이다.

50세에 경제적 자유를 얻고 싶은 김경제 씨의 기대 수명이 90세라고 하자. 앞으로 김경제 씨가 모아야 할 돈은 얼마일까? 위의 계산법에 따르면 3,600만 원 곱하기 40년, 즉 14억 4,000만 원이 필요하다. 현재 나이가 몇인지 모를 김경제 씨가 50세가 될 때까지 마련해야 하는 돈이 14억 원 이상이란 소리다. 이제 앞서 소개한 내용을 다시 떠올리자. KB금융지주가 발표한 「한국 부자 보고서」에서 정한 부자의 기준은 금융자산 10억 원을 보유한 사람이었다. 14억 원은 부자 기준 10억 원을 웃도는 어마어마한 돈이다. 10억 원 이상을 보유한 부자가 우리나라 전체 인구 5,000만 명 중 1%도 안 된다는 사실을 떠올리면, 평범한 일반인이 경제적 자유를 이루기 힘들다는 결론에 이른다.

경제적 자유를 넘어 부자가 되는 3단계 생각

① 노동으로만 돈을 번다는 생각을 버려라

대한민국 젊은 청년의 연봉은 얼마나 될까? 대졸 취업자가 첫 직장에 들어가 받는 평균 연봉이 4,000만 원 정도라고 한다. 이마저도 취업에 성공했을 때 이야기다. 2023년 통계청 자료에 따르면, 대학 졸업자 중 직업이 없는 청년 수가 120만 명을 넘었다고 한다. 10명 중 7명이 대학에 진

학하는 희귀한 학력 구조는 차치하고, 대졸자가 과잉 배출되는 현상을 해결해줄 양질의 일자리가 턱없이 부족한 상황이다. 머리 복잡한 청년 일자리 문제, 사라져 버린 대졸자 프리미엄을 따질 생각은 없다. 이런 문제는 높은 분들이 알아서 해결해야 하는 일이다. 다만 그만큼 일자리 찾는 일이 어렵다는 것이다.

운 좋게 취업에 성공해도 4,000만 원으로는 경제적 자유는커녕 서울에 집 한 채 얻기도 어렵다. 그렇다면 연봉 1억 원은 어떨까? 사정이 좀 나아질까? 사실 연봉 1억 원은 모든 직장인에게 상징적인 의미이자 꿈같은 일이다. 억대 연봉을 받게 되었더라도 실상은 오랫동안 직장에서 근무해 급여가 올랐기 때문일 테고, 누군가는 퇴직을 앞둔 회사 내 최고참일 확률이 높다. 취업 초부터 연봉 1억 원을 받는 사람은 몇몇 전문직을 가진 소수에 한정된다.

안타까운 사실은 연봉 1억 원을 받더라도 돈 문제에서 자유로울 수 없다는 것이다. 취업 초부터 퇴직할 때까지 꾸준히 연봉 1억 원을 받을 수 있다고 하더라도 말이다. 연봉 1억 원의 월 실수령액은 660만 원 정도다. 아끼고 아껴서 월 200만 원을 제외하고 전부 저축한다고 했을 때 1년에 5,520만 원(460×12)을 모을 수 있다. 이렇게 25년을 모으면 얼추 14억 원을 모을 수 있다. 그때 나이는 아무리 빨라도 50세 언저리다. 대학 졸업하자마자 취업에 성공해 매년 1억 씩 벌며 50세까지 일만 하면서 살아야 경제적 자유가 가능하다는 말이다.

② 돈이 돈을 벌고 나는 시간을 번다고 생각하라

능력이 좋은 김경제 씨가 상위 1% 허들을 넘어 14억 원을 마련했다고 해보자. 50세가 된 김경제 씨가 열심히 모은 14억 원을 연평균 물가상승률 2%로 가정할 때, 2%보다 낮은 이자를 지급하는 정기예금에 넣는다면 어떤 일이 벌어질까? 힘겹게 모은 돈이 점점 쪼그라든다. 시간이 지남에 따라 이자 쳐주던 원금도 줄어든다. 기대수명 90세까지 40년을 살아야 하는 김경제 씨가 걱정 없이 경제적 자유를 누리며 살려면, 14억 원을 모으고도 매년 연평균 물가상승률보다 높은 수익을 내야 가능하다. 결국 투자가 필수란 소리다.

투자 행위로 수익을 내는 방법은 여러 가지다. 주식에 투자하든, 달러에 투자하든, 부동산에 투자해 가치가 크게 상승하든 말이다. 큰 부침 없이 연평균 물가상승률을 2% 안팎 수준으로 가정하고, 김경제 씨가 꾸준히 5% 정도 수익을 만들 수 있다면 14억 원의 절반인 7억 원만 투자해도 안정적인 생활이 가능하다. 여기서 투자 효율을 높여 연간 10%의 수익률 창출이 가능하다면 7억 원의 절반인 3억 5,000만 원으로 경제적 자유를 누린다는 계산이 나온다.

처음 필요했던 14억 원보다 적은 3억 5,000만 원으로 연평균 10% 수익을 만들 수 있다면, 이자 2%를 주는 예적금에 14억 원 거금을 넣을 이유가 없다. 돈의 크기가 다르지만, 더 높은 수익률을 만들어냄으로써 같은 결과가 된다. 사례를 극단적으로 설정한 면이 없진 않으나, 결론은 안전을 추구하는 예적금에 모든 근로소득을 넣어 경제적 자유를 만들지, 투자 지식을 습득해 몇 배 효율적인 투자로 경제적 자유를 이룰지 셈해보자는 이야기다. 현명하고 똑똑한 여러분의 선택이 후자이기를 바랄 뿐이다.

연봉 1억 원이 안 되는 대부분의 평범한 직장인이라면? 두말할 필요도 없다. 지금 당장 머리 싸매고 공부해서 투자를 시작해야 한다. 강연의 기회가 있을 때마다 하는 말이 있다.

"열심히 일해서 많은 돈을 벌지라도 노동소득은 시간이 지나고 나이 들어감에 따라 지치게 마련입니다. 그러나 자본소득은 시간이 지날수록 지치지 않고 돈을 더 많이 불려줍니다."

자본이 만들어내는 현금 흐름과 노동으로 만드는 현금 흐름은 비교 대상이 될 수 없다. 좋은 직장을 얻어 높은 연봉을 받는 것도 당연히 중요하다. 하지만 더 중요한 건 내가 벌어둔 자본으로 돈을 끊임없이 만들고 불리는 파이프라인 구축이다. 투자 실력을 키우는 일이 곧 생존하는 일임을 자각해야 한다.

③ 투자로 수익을 만들고 절약하라

경제적 자유를 이루는 데 꼭 동반되어야 하는 일이 있다. 바로 절약이다. 뼛속까지 '흙수저'였던 나는 어린 시절부터 절약하는 습관이 몸에 배어 있다. '자녀에게 돈 교육을 할 때 가장 쉬운 방법이 부모가 돈을 가지지 않는 것'이란 말도 있듯 나는 가난한 부모 아래에서 자랐기에 자연스럽게 돈을 소중하게 생각하는 어른으로 성장했다. 어릴 땐 원망도 했지만 지금은 절약할 줄 아는 어른으로 자랐음에 감사한 마음이 들기도 한다.

돈을 쓸 때뿐만 아니라 돈을 벌 때도 알뜰함이 중요하다. 작은 수익을 무시하면 안 된다. 큰 수익만 기대하면 무리한 투자가 뒤따르고, 냉정함도 잃기 쉽다. 주가는 시시때때로 변한다. 투자자가 마음을 다스리지 못하면 투자자의 마음도 주가와 함께 천당과 지옥을 오간다. 크게 상승할 땐 탐욕이 생기고 추락할 땐 공포심이 이성을 지배한다. 특히 주가 하락 시기에는 손실의 공포에 휘둘려 '손절'이라는 악수를 두기도 한다. 이런 상황을 방지하는 안전장치가 바로 작은 수익을 소중히 생각하는 마음이다.

경제적 자유의 길로
가는 조건

MAGIC SPLIT

 '부자' 하면 어떤 이미지가 떠오르는가? 사람들은 부자에 대해 선망과 경멸이라는 양가적 감정을 가지고 있다. 부자의 삶을 동경한다. 그와 동시에 부자의 세계는 허세로 가득 찼으며 그들은 부정적인 방법으로 막대한 부를 축적했을 것이라고 추측하고 폄하한다. 금수저를 물고 태어난, 나와는 다른 세계에 사는 사람들이라고 생각한다. 그리고 그 세계에 포함되지 않는 나의 위치에 만족하기 위해 긍정 회로를 돌린다.

'비록 부자는 아닐지언정 내 삶이 몇 배 더 떳떳하지! 암 그렇고, 말고!'

굳이 그럴 필요 없다. 부자를 시기하기보다 부자가 어떤 마인드로 어떻게 돈을 버는지 배워야 한다. 열린 마음이 경제적 자유로 가는 첫 번째 조건이다.

부자가 될 수 있다고 믿는 열린 마음

'경제적 자유'가 곧 '부자'라는 등식이 완전 일치하는 것은 아니지만, 경제적 자유든 부자든 그 반열에 오르는 메커니즘은 거의 같다. 월급 이외의 고정 수입을 만들고 똑똑하게 불려가는 일 말이다. 그 과정을 거쳐 부자로 거듭난 사람들은 오랜 시간 돈을 벌기 위해 공부하고 애썼을 것이다. 그런 수고를 외면한 채 단순히 겉으로 드러난 결과만 보고 섣불리 오해하지 말자. 나의 생애에서 경제적 자유를 이룰 수도, 나아가 큰 부자가 될 수도 없을 거라고 지레 포기하진 말자는 이야기다. 부자가 될 기회는 누구에게나 열려 있다.

첫술에 배부를 리 없듯, 세상 모든 일은 중간 단계를 거쳐야 한다. 눈앞의 강을 건너긴 해야겠는데 다리가 없다면, 징검다리라도 하나씩 놓으며 길을 만들어가야 한다. 단계별로 달성 가능한 작은 목표를 세우고 하나씩 차근차근 이루다 보면 경제적 자유라는 큰 목표에 도달할 수 있다.

경제적 자유로 가는 두 번째 조건은 고정적인 현금 흐름을 만드는 것이다. 내가 겪은 일이 여러분에게 좋은 참고가 될 것 같다. 8년 전, 잘 다니던 회사를 그만두었다. 당시 아파트를 포함해 부동산자산이 조금 있었는데, 내 명의의 부동산이 있으니까 나름 경제적 자유를 이루었다고 착각했다. '이 정도면 일을 안 해도 되지 않을까?' 섣불리 일을 그만둔 결과는 혹독했다. 고정 수입이 끊기자 매달 부동산 대출 이자를 갚는 일조차 막막했다. 부동산은 특성상 쉽게 현금화하기 어렵다는 걸 간과한 채 순진하게도 내가 원하는 시기에 원하는 가격을 받고 팔 수 있을 것이라고 생각했다. 물론 레버리지를 활용한 부동산 투자는 안 하는 것보단 분명 나은 자산 증식 방법이다. 하지만 이 방법으로는 경제적 자유를 만들어냈다고 보기 힘들다는 사실을 깨달았다.

월 300만 원 현금 흐름 창출

경제적 자유의 핵심은 지속적으로 현금을 창출하는 '파이프라인'을 구축하는 것이다. 내가 원하는 시기에 원하는 만큼 현금화하기 어려운 부동산자산은 경제적 자유와 큰 상관이 없다. 사람마다 기준이 다르겠지만, 경제적 자유의 시작은 월급 이외에 월 300만 원의 현금 흐름을 만드는 것부터다. 통계청에서 발표한 '2022년 임금 근로 일자리별 소득 결과'에 따르면 직장인 한 달 평균 월급은 350만 원 정도다. 피땀 흘려 번 월급 350만 원은 치솟는 물가와 불안정한 경제 상황 속에서 나의 미래를 담보하지 못한다. 단순히 돈의 많고 적음을 말하는 게 아니다. 남 눈치 안 보고 내가 원하는 일을 하며 쪼들리지 않고 살려면 더 많은 고정 수입이 있어야 한다. 온종일 노동력을 제공해 버는 수입 이외에 고정적인 현금 흐름 300만 원이 필요하다.

그렇다면 300만 원을 어떻게 벌까? 투자를 통해 월 300만 원을 버는 방법은 아주 간단하게 계산할 수 있다. 여기서 확실히 짚고 넘어가야 할 것은 (매우 안타깝게도) '아주 간단하다'가 아니라 '아주 간단하게 계산할 수 있다'라는 점이다.

주식 투자가 익숙지 않은 사람들을 위해, 돈으로 돈을 버는 일, 즉 투자 중에서도 가장 만만하고 쉬운 은행 예금으로 월 300만 원을 어떻게 만드는지부터 시작해보자. 첫 번째는 연 이자율 2% 정도의 정기 예금에 18억 원을 넣어 놓는 것이다. 하지만 이 책을 읽는 대부분의 독자는 높은 확률로 18억 원이 없을 테니 이 방법은 패스한다.

두 번째는 연 수익률 3% 정도 나오는 12억 원짜리 건물을 사서 임대를 놓는 것이다. 12억 원 역시 없을 확률이 높을 테니 이 방법도 패스한다. 비록 패스하지만 한 가지 희망은 생겼다. 18억 원보다 6억이나 적은 돈으로 월 300만 원을 만드는 것이 가능하다는 사실을 알게 되었기 때문이다.

세 번째는 연 수익률 4% 정도의 배당주에 9억 원을 투자하는 것이다. 9억 원 역시 없을 가능성이 높지만 그래도 이 정도는 한번 해볼 만한 액수라는 생각이 들 것이다.

마지막 네 번째는 그게 무엇이든 간에 연 수익률 10% 정도 얻을 수 있는 투자 실력을 갖추는 것이다. 이때 필요한 투자금은 3억 6,000만 원이다. 은행 예금으로 월 300만 원을 만드는 데 필요한 자금 18억 원에서 현실적으로 도달 가능한 3억 6,000만 원까지 내려왔다.

만약 월 300만 원 중 100만 원 정도는 투자가 아닌 '부수입'으로 채우길 원한다면 이 역시 가능하다. 바다를 좋아하는 서퍼라면 100만 원 정도는 여행객을 대상으로 강습하면서 충분히 만들어 낼 수 있는 크기의 돈이다. 글쓰기가 취미인 사람이라면 블로그 글쓰기로, 손재주가 좋은 사람이라면 아기자기한 소품을 만들어 파는 것으로 가능하다. 이렇게 '하고 싶은 일을 하면서 월 100만 원을 만들어 내는 것'이 가능해지면 투자를 통해 만들어야 하는 돈은 200만 원이 되고, 필요한 투자금은 3억 6,000만 원에서 2억 4,000만 원으로 줄어들게 된다.

하고 싶어서 시작한 일의 수입이 운 좋게 월 100만 원에서 200만 원으로 늘어나면 1억 2,000만 원의 투자금만으로도 경제적 자유를 달성할 수 있다는 희망 가득한 계산이 나온다.

처음부터 투자로 월 300만 원을 버는 것은 쉽지 않다. 경제적 자유에 빨리 도달하려면 일정 부분은 내가 하고 싶은 일을 하면서 벌어야 한다. 결국 중요한 것은 무엇이 되었든 월 300만 원의 현금 흐름을 빠르게 만드는 것이다.

선을 넘는 생각,
선을 넘는 투자

MAGIC SPLIT

 우물 안 개구리 눈에는 동그랗게 보이는 하늘이 전부다. 좁은 하늘만 머리에 이고 산다. 개구리가 우물 밖으로 나가기 위해선 눈앞의 거대한 벽처럼 보이는 선을 넘어야 한다. '벽'이 아니라 '선'이라고 표현한 이유는, 높은 벽처럼 보이지만 한번 넘고 나면 그것이 벽이 아니라 바닥에 그어진 선이었음을 알게 되기 때문이다.

돌이켜보면 나 역시 오랫동안 우물에 머물며 살았다. 찬 바람을 막아주는 우물 속이 안락했고 목이 마를 때쯤에 샘솟는, 딱 생활에 필요한 만큼의 급여가 달콤했다. 그러다 우물 밖 개구리를 꿈꾸며 회사를 박차고 나왔다. 퇴사하고 보니 만만한 게 없었다. 고정 생활비를 벌어야 하기에 투자와 투기 사이에서 갈팡질팡하며 시행착오를 겪기도 했다. 카지노를 기웃거리며 돈을 잃고 실의에 빠지기도 했다. 투자가 투기 같았고 투기가 투자와 별반 다르지 않다고 생각했었다. 조급함과 욕심이 사리 분별을 가로막은 시기였다.

그러다 선을 넘는 순간이 찾아왔다. 달러 투자를 하면서다. 내가 주식 투자 이전에 달러 투자를 하며 체험한, 그간 과감히 넘어온 선들은 셀 수 없이 많다. 불문율처럼 떠도는 '~할 수 없다더라', '~하면 안 된다더라' 등의 불가능과 제약도 넘어보니 별 것 아니었다. 그래서 '하면 되더라', '안 되는 건 없더라'라는 신념이 생겼다.

이른바 '있는 자'들은 약한 자가 선을 넘는 걸 원하지 않는다. 주식 폭락론을 믿든, 폭등론을 믿든 어느 하나의 포지션에 머물기를 바란다. 선을 넘는다는 건 '없는 자'가 '있는 자'로 도약할 기회. 그 기회를 포착하는 사람이 많아지면 '있는 자'는 자신이 누려온 좋은 기회가 줄어 손실로 이어진다고 생각한다. 그래서 자신은 선 밖에 서서 선을 긋고 남이 넘어오지 못하도록 통제한다. 선을 넘으며 그런 진실을 알았다.

선을 넘으려면 당연히 용기가 필요하다. 그동안 내가 믿었던 신념과 가치관을 무너뜨리고 나 자신을 부정해야 하는 고통을 이겨내야 하니까 그렇다. 이는 선을 넘을 때 겪는 통과의례다. 그러다 한번 선을 넘는 경험을 하고 나면 비로소 깨닫는다. 나를 부정해야 하는 고통의 지점에 사실 별것 아닌 선이 가로놓여 있었음을 말이다. 곰곰이 생각하고 유심히 들여다보면, 넘지 말라는 선을 넘어도 큰 문제가 발생하지 않는다. 오히려 새로운 기회가 되기도 한다. 특히 투자 세계에서 그런 일들이 많다. 사례를 하나 소개한다. 현재 내가 사용 중인 사무실 건물을 내 것으로 만든 이야기다.

돈 없이 건물을 사는 방법

12년 전, 집 옆으로 난 한강 공원으로 이어진 산책길을 걷다가 한 건물이 눈에 들어왔다. 첫눈에 반했지만, 당시 나는 돈도 없었고 빚만 잔뜩 진 상황이었다. 그런 처지임에도 머릿속에서 건물을 쉽게 떨쳐내기 힘들었다. 열정은 행동을 일깨우기 마련이다. 나는 건물로 배달된 우편물까지 살펴보는 등 어떻게든 건물과 관련 있는 정보를 알아내고자 했다. 그리고 주변 사람들에게 묻고 물어 건물주 연락처를 알게 되었다. 나는 망설임 없이 건물주에게 전화를 걸었다.

"안녕하세요? 제가 사장님 건물을 사고 싶은데요."

건물주는 건물을 사고 싶다는 말을 무척 반겼다. 알고 보니 60%에 가까운 대출을 안고 있는 건물인데다, 세입자를 구하지 못해 수익이 제로인 상황이었다. 다달이 발생하는 이자를 감당하기 버거워 자칫 경매에 넘어갈 수 있는 애물단지였다. 그런데 건물을 사겠다는 전화를 받았으니 얼마나 반가웠을까. 파는 사람은 마음이 급했고 안 사도 그만인 나는 상대적으로 느긋했다.

나는 건물주가 제시한 희망가보다 더 낮은 매수 희망가를 불렀고 결국 내가 원하는 가격이 최종 매수가로 결정되었다. 건물이 공실이었으니 수입도 없고 이자만 내야 하는 건물주를 설득해 매매가에서 10% 더 낮춘 협상이었다. 건물의 60% 대출은 내가 떠안고 나머지 40% 금액에서 10%를 뺀 30%가 최종 협상액이었다. 협상 후 나는 건물주에게 말했다.

"그런데 문제가 하나 있습니다."

건물주는 머뭇거리며 말끝을 흐리는 나에게 이 건물을 팔아치울 수만 있다면 악마에게 영혼이라도 팔겠다는 표정으로 어떤 문제든 해결해줄 용의가 있다는 듯 온화한 말투로 되물었다.

"무슨 문제죠?"

"제가 현재 가진 돈이 없어요."

건물주는 황당한 듯 아무 말도 없이 한참 동안 나를 바라보다가 말했다.

"제정신입니까? 도대체 그게 무슨 소리예요!"

나는 건물주를 설득하기 시작했다. 미리 세워둔 계획을 차근차근 설명했다. 참고로 당시의 상황은 경제부총리가 TV에서 '빚을 내서 집 사라'고 말할 정도로 부동산 경기가 바닥을 치고 있었다. 전체적으로 건물 가격이 아주 저렴했다. 그러나 나는 신용대출이나 마이너스 통장 대출을 모두 끌어와도 건물 매입에 필요한 30%의 돈을 마련할 수 없었다. 건물 매입 자금을 만들려면 시간이 필요함을 알았고 건물주에게 새로운 형태의 계약을 제안했다. 물론 위기에 처한 건물주가 거절하기 힘든 제안도 포함되었다.

- 계약일로부터 2년 안에 을(나)은 갑(건물주)의 건물을 매수할 최우선의 권리를 갖는다.
- 을(나)은 갑(건물주)의 건물을 매수하기 전까지 임차를 하고 갑에게 매월 월세를 지불한다.

내 입장에선 당장 건물 살 돈이 없으니 2년 후 매수할 권리를 갖는 것이고, 건물주 입장에선 계약 즉시 건물을 통째로 임대하는 셈인지라 대출 이자를 내고도 수입이 약간 발생하는 조건이었다. 내가 당장 건물을 사면 내야 할 60% 대출금을 은행에 주든, 건물주에게 주든 상관없는 조건이기도 했다. 결국 계약이 성사되었고 나는 얼마 후 그 건물의 주인이 될 수 있었다. 2013년에 매입한 건물은 현재 3~4배 정도 올랐고 대출금은 '0원'이다.

월세와 매매가 혼재된 특이한 구조의 계약 형태는 우리 주위에서 흔하게 이루어진다. 정수기나 공기청정기를 렌털할 때, 2년 또는 3년 정도 월세를 내고 빌려 쓰다가 계약 기간이 만료되면 그 소유권이 렌털 회사에서 고객에게 이전된다. 또 자동차 리스나 장기렌트도 계약 기간 종료 후 해당 차량을 반납할지, 인수할지 고객이 직접 결정할 수 있다.

나는 렌털 계약 형태를 부동산 매수에 이용했다. 지금 돌이켜봐도 괜찮은 아이디어, 선을 넘는 생각이었다. 평범한 생각은 평범한 접근, 평범한 의사결정만 만들어낼 뿐이다. 월세 아니면 전세, 렌트 아니면 매매, 이런 식의 생각에 얽매이지 않고 열린 생각으로 접근했기에 월세로 건물주가 될 수 있었다. 또 '빚은 나쁜 것'이라는 고정관념에서 벗어나 풀레버리지로 건물을 산 건 '인플레이션으로 돈의 가치가 하락하면, 은행 빚의 가치도 하락할 것'이라는 열린 마음이 있었기에 가능했다.

투자자라면 사고의 유연함을 갖추어야 한다. 늘 해온 익숙한 방법은 손실만 늘린다. '황당한 제안에 화를 내면 어쩌지?'라는 걱정도 할 필요 없다. 안 팔면 안 사면 그만이다. 상대가 거절하기 힘든 제안을 하면 수락할 수밖에 없을 것이라는 점만 명심하면 된다.

선을 넘으면
보이는 것들

MAGIC SPLIT

주식 투자 이전에 달러 투자로 수익을 내던 당시에도 선을 넘는 일들이 많았다. 내가 주변 사람들에게 종종 들려주는 이야기를 하나 더 소개한다. 차익거래, 즉 아비트리지(Arbitrage) 달러 투자다. 아비트리지를 간략히 정리하면, 동일한 상품의 가격이 지역마다 다를 때 싼 곳에서 상품을 사다 비싼 곳에서 팔아 이윤을 남기는 방법이다.

달러 투자에서 경험한 아비트리지는 이렇다. 우리나라 고유 명절인 구정이나 추석 연휴에는 전 국민이 짧게는 3일, 길게는 5일 동안 일을 하지 않는다. 외환시장도 쉰다. 우리나라만 휴무일뿐 외국 시장은 거래가 이루어지기 때문에, 이 경우 실제 거래되는 환율은 계속 등락하고 장이 열리지 않는 국내 시장 환율만 정지된다. 연휴 시작 전의 환율이 고정된 상황이니 외국 시장의 환율이 가파르게 오르거나 내리면 환차익에 따른 수익의 기회가 생긴다. 상황을 지켜보다가 외국에서 거래되는 환율이 높다면 국내에서 거래되는 환율로 미리 달러를 매수하고, 국내 시장이 개장해 환율이 오르면 곧바로 매도해 차익을 얻는 것이다(실제 환율을 적용하는 데 시차가 발생한다).

나는 은행 문을 열지 않는 명절마다 변함없이 달러를 거래하는 은행을 찾아가 거래를 했다. 가령 인천국제공항 은행 같은 곳이다. 더 많은 달러를 사기 위해 가족을 다 데리고 갔다. 지금은 제도가 보완되어 이 방법을 사용하는 것이 제한적이지만, 그때는 가능했다. 이렇듯 나는 늘 내 앞에 놓인 선을 넘고자 방법을 궁리하고 또 실천했다. 실제 내 앞에 버티고 선 한계를 수없이 넘어 지금까지 왔다. 그리고 선 너머에는 예상치 못한, 예상보다 큰 수익이 나를 기다리고 있었다.

나의 투자 전략을 딱 한마디로 정리하면 '선을 넘는 투자'였다. 아비트리지 달러 투자는 선을 넘은 수많은 사례 중 하나다. 그 밖에 부동산 투자, 주식 투자를 하며 성큼 넘어선 선에 관한 이야기는 책으로 써도 될 만큼 많다. 좋게 말하면 전략이고 거칠게 말하면 '잔머리 투자'다. 나는 동물적으로 나를 가로막는 것들이 나타나면 그 장애를 뛰어넘을 생각부터 한다. 그리고 즐긴다. 남들이 안 된다고 생각할 때 어떻게 가능하도록 바꿀지 생

매직 스플릿

각한다. 경험상 나를 가로막았던 대부분의 장애물을 잘 넘었고 앞으로도 그럴 것이다. 평범한 생각과 판단이었다면 절대 넘지 못했을 선, 이를 넘는 데 필요한 건 발상의 전환이다.

정공법만 생각하면 답이 없다. 모든 투자의 고수가 말하는 '우량주 투자', 맞는 말이다. 하지만 그걸 따라 한다고 수익이 나던가? 고수들의 비법을 참고하고 산업 리포트를 읽고, 열심히 경험을 쌓는 정공법에 한계를 느꼈다면, 정공법 대신 차선책을 모색해야 한다.

어떤 대가는 '탁월한 주식을 적당한 가격에 사라'라고 말하고, 또 다른 고수는 '적당한 주식을 탁월한 가격에 사라'라고 말한다. 무엇이 정답일까? 나는 탁월한 가격도 모르고 적당한 가격도 모른다. 그냥 백치다. 그래서 생각한 것이 '적당한 주식을 적당한 가격에 사기'였다. 이런 결정은 '적당한 수익'을 내기 위해 '탁월한 방법'으로 주식 투자를 해보자는 생각으로 이어졌다. 그렇게 찾은 방법이 바로 분할매도-분할매수다. 결과는 성공적이었다. 누군가는 '운이 좋았다'라고 할 수도 있다. 물론 모든 상황에는 운이 필요하다. 그러나 운도 '실행'이라는 전제 조건이 충족되어야 발생한다.

주사위를 던지는 결정이 가장 어렵다. 주사위를 던졌다면 어떤 숫자가 나올지 그냥 지켜봐야 한다. 운이 좋아 높은 숫자가 나올 수도 운이 나빠 낮은 숫자가 나올 수도 있다. 그러나 행운은 주사위를 던진 행위 이후의 결과다. 핵심은 내 한계를 뛰어넘고자 과감히 주사위를 던지는 행위에 있다. 혹여 낮은 숫자가 나왔더라도 의기소침할 것 없다. 이미 주사위를 던진 여러분 앞에 불행보다 행운이 뒤따를 가능성이 훨씬 높다. 주저하며 주사위를 던질 결정조차 하지 못한 사람보다 한발 앞선 것이다. 해보지도 않고 왈가왈부하는 전문가가 세상에는 정말 많다. 정작 본인은 해보지 않았으면서 남들에게 해보라고 말하는 전문가는 모두 사기꾼이다.

고정관념을 깨는 방법

나는 가난했다. 가난한 그 시절, 세상이 공평하지 않다고 느꼈다. 그땐 세상이 뒤집혀 '재분배'라는 혁명이 일어나기를 바랐다. 돈도 없고 능력도 부족하니까 불공평한 현실을 극복할 방법이 없다고 결론 내렸다. 그런데 시간이 흘러 지켜야 할 것들이 하나 둘씩 늘자 생각이 바뀌었다. 치기 어린 시절에 꿈꾸었던 재분배 같은 일은 일어날 수도, 일어나서도 안 된다고 생각하게 되었다. 만약 그런 일이 일어난다면 그것이야말로 공평하지 않다고 마음이 변했다. 매사를 삐딱하게 바라보던 시선도 변해갔다. 세상을 좀 더 이해하려고 했다.

내가 변절자, 배신자가 된 걸까? 아니다. 세상을 보는 시각이 넓어진 것이다. 어떤 경우에는 좌의 이야기나 신념이 더 합리적일 수 있다. 그런데 또 다른 경우엔 우의 이야기와 철학이 좀 더 바른 소리일 수도 있다. 한쪽 이야기만 옳다고 생각하면 절반만 아는 것이다. 한쪽 이야기만 듣고는 바른 판단을 내리기 어렵다. 현명한 사람은 양쪽 귀를 다 열어놓고, 모든 이야기를 종합해 판단한다.

투자도 마찬가지다. 모든 투자법에는 강점과 약점이 존재한다. 이 투자법의 약점을 보완한 것이 저 투자법이고, 저 투자법의 약점을 보완한 것이 이 투자법이다. 따라서 한 가지 투자법만 고집하면 실패할 가능성이 더 크다. 익숙한 방법만 고집하면 손해를 반복해도 덤덤해지고 손실이 일상이 된다.

매직 스플릿

잃고 나서 깨달은 '절대 잃지 않는' 방법

MAGIC SPLIT

내가 어떻게 경제적 자유를 이루었는지 궁금해하는 분들이 많다. 경제적 자유를 이루겠다는 생각은 직장에 다니면서도 어렴풋이 가졌던 것 같다. 명함만 봐도 사람들이 알 만한 회사에 다니면서도 한편으로는 월급쟁이 생활을 평생 할 수 없음을 직감했다. 그렇게 18년간 다니던 회사를 그만두고, 이후 경제적 문제를 어떻게 해결할지 고민했다. 직장생활 틈틈이 해오던 주식은 접은 상태였다. 18년 동안 잃기만 했기에 주식에 관심이 사라진 상태였다. 단 한 번도 주식으로 수익을 내보지 못했고, 심지어 -95%인 적도 있었다. 뒤돌아보면, 주식 투자에 문제가 있었다기보다 매번 잃기만 하는 나에게 문제가 있었다. 이 사실을 그때에는 몰랐다. 주식은 기울어진 운동장이기에 나 같은 사람이 돈을 버는 그라운드가 아니라고 생각했다. 정보를 더 많이 가진 사람이 돈 버는 곳이라고 여겼다. 그러다 마음이 끌린 게 카지노였다.

평소 도박에 관심이 많고 좋아하기도 했던 나는 주식 투자 실패 후 카지노를 기웃거렸다. 주식보다 카지노가 한결 더 공평한 룰을 가졌다고 믿었다. 그런데 100번 카지노를 방문했다면 정말 100번 다 잃고 돌아왔다. 멘털도 약하고 게임 룰도 잘 몰랐다. 그럼에도 미련을 버리지 못했다. 정신 차려보면 나도 모르게 강원랜드에 와 있었다. 도박, 카지노에 미쳐 확률도 없고 말도 안 되는 일확천금의 행운이 나에게도 찾아올 것만 같았다.

당시 나는 합리적인 투자 개념도 투자 철학도 없었다. 비이성적인 투기에 빠져 있었을 뿐이다. 단박에 큰돈을 벌어 생활비에 보태야 한다는 압박도 실패의 원인 중 하나였다. 방법이 어떻든 간에, 돌아가든 질러가든 서울로 가면 된다는 생각이 나를 지배했고 도박을 하면서도 그 행위가 나를 빠른 길로 인도하는 투자라고 믿었다. 투자라고 부르기 힘든, 부끄러운 투기였다. 그렇게 수중의 돈을 거의 탕진했다.

주식 투자에 실패한 경험과 카지노 탕진의 경험이 독기를 품도록 해주었다. 카지노에서 돈을 잃자 현타가 밀려왔고 '이렇게 살면 안 되겠다'라고 각성하는 계기가 되었다. 그길로 도서관에 처박혀 도박 관련 구할 수 있는 모든 책을 찾아 공부했다. 절대 잃지 않는 베팅 공부에 매달렸고 나

매직 스플릿

름의 방법을 찾았다. 그때 선택한 도박이 블랙잭이었다. 블랙잭은 그나마 도박에서 돈 벌 확률이 가장 높은 게임이었다.

도박에서 찾은 승리의 법칙

공부를 마치고 다시 카지노를 찾았다. 동네북처럼 얻어터지기만 하던 찌질한 주인공이 무림 고수에게 필살기를 배워 복수하러 세상에 나가듯 말이다. 나는 '무리한 베팅을 절대 하지 않는다'는 대원칙을 세워 철저히 지켰다. 가장 적은 돈으로 베팅할 수 있는 테이블에 앉아 가장 적은 돈으로 베팅했다. 베팅액은 딱 1,000원이었다. 돈을 따도 흥분하지 않았고 잃더라도 멘털이 흔들리지 않았다. 소액 베팅이었기에 가능한 일이었다. 1,000원 베팅 전략은 돈을 잃어도 멘털을 지키는 데 효과적이었다. 온종일 블랙잭 게임에 베팅하며 버는 돈은 하루 일당에도 못 미치는 소액이었다. 만족할 수익은 아니었으나 승률에는 나름 만족했다. 잃든 따든 꾸준히 소액 베팅만 했고 승률이 더 높았다. 한 테이블에 몇 시간씩 앉아 계속 이기는 사람은 내가 유일했다.

이를 지켜보던 사람들 가운데 나를 따라 10만 원씩 베팅하는 사람도 있었다. 나는 1,000원을 걸어 1,000원을 먹는데, 나를 따라 10만 원에 베팅해 10만 원을 따는 것이었다. 기분이 좋아진 승자는 나에게 팁으로 1만 원을 주기도 했다. 내가 블랙잭 게임으로 딴 돈보다 팁이 더 많은 날도 있었다. 베팅액을 늘리라는 주변의 권유에 '돈이 없어요!'라고 응수하며 베팅액을 고수했다. 베팅액이 높아지면 내가 깨달은 시스템이 작동하지 않는다는 걸 알았다. 베팅에 심리가 개입되는 순간 게임을 망친다. 하루 약 10시간 블랙잭 테이블에 앉아 게임을 하면 3만 원 정도 땄다. 돈을 잃지는 않았지만 온종일 1,000원씩 베팅하는 건 지루한 일이었다. 나를 이겨야 하는 딜러도 겉으로 드러내진 않았으나 긴장을 풀고 지루해하는 듯했다. 그럴 만도 했다. 잃어도 1,000원이었으니까.

살벌한 블랙잭 판에서 알뜰하게 돈을 벌긴 했지만, 수익이 미미했다. 시간과 노력 대비 생산성이 떨어지는 게임만 지루하게 반복했다. 최저 임금, 하루 일당도 안 되는 노동이었다. 강원랜드까지 오가는 교통비, 식비, 숙박비를 제하면 남는 돈이 없었다. '지금 내가 뭘 하고 있지?'라는 생각이 들었다. 돈을 벌기는 해도 테이블에 앉기 싫은 날이 많아졌다. 아이러니하게도 도박 게임을 할수록 흥미가 떨어지는 신기한 경험이었다. 벌어도 큰돈이 안 되고, 무엇보다 지루함을 견디기 힘들어했던 나는 자연스럽게 카지노를 떠날 수 있었다.

난 누구보다 원 없이 게임을 해봤다. 투기와 투자의 차이를 깨달았고, 노름꾼이 '올인'을 외치고, 투자자가 '몰빵'하는 심리도 어렴풋이 알았다.

수익의 크기보다 중요한 건 잃지 않는 일이었다. 아울러 위험천만한 도박판에서 큰돈은 아닐지언정 꾸준히 수익을 만든 경험 또한 큰 도움이 되었다. 이는 매직 스플릿 시스템 투자에서 반복적으로 이루어지는 수익 만들기와 많은 부분 닮아있다. 당시 경험과 철학이 매직 스플릿에 많은 부분

　　　　　　　　　　　　　　　　　　　　매직 스플릿

반영되었음은 두말할 것도 없다(매직 스플릿 이야기, 그리고 매직 스플릿의 전신 세븐 스플릿 이야기는 2장에서 자세히 다룰 예정이다).

자본주의 사회에서 자본가가 되는 효과적인 방법은 주식 투자다. -95% 를 겪은 사람이 지금은 하루하루 수익을 내고 경제적 자유를 이루며 잘살고 있다. 간혹 주식 투자가 도박이라고 말하는 사람들이 있다. 나는 이렇게 말해주고 싶다. 주식 투자를 도박처럼 하니까 도박이 되는 거라고.

낮은 하우스 엣지, 시스템 베팅을 고안하다

모든 도박 게임에는 하우스 엣지(House Edge)란 게 있다. 하우스 엣지란, 게임 결과에 상관없이 하우스, 즉 카지노가 얻는 수익을 수학적으로 나타낸 값이다. 모든 게임은 카지노가 유리하게 설계되어 있는데, 하우스 엣지가 높을수록 카지노에 더 유리한 게임이다. 게임마다 하우스 엣지가 다 다른데, 하우스 엣지가 높은 바카라 게임이 가장 돈 따기 어렵고 상대적으로 하우스 엣지가 낮은 블랙잭이 돈 딸 확률이 높다고 알려져 있다. 이를 모르고 무턱대고 베팅하는 건 카지노 측의 배만 불려주는 행위다.

나는 단순히 운에 기댄 베팅 대신 블랙잭 게임에 확률 시스템을 적용하기로 했다. 시스템 베팅을 연구하고 엑셀 프로그램으로 돌려보며 가장 높은 승리 확률의 카드가 무엇인지, 어떤 패가 나올 때 경계해야 하는지, 또 어떻게 나누어(스플릿) 베팅해야 승리할지 등의 전략을 짰다 (이 전략이 세븐 스플릿의 시초가 되었다). 다시 도박장에 찾아간 나는 시스템 베팅으로 난생처음 돈을 땄다. 훗날 돈을 걸어 수익을 만들어내는 아이템들 가운데 도박이 가장 어려운 일임을 알았다.

달러든 주식이든 투자 메커니즘은 같다

MAGIC SPLIT

카지노 출입을 끊고 다음으로 선택한 투자 아이템이 달러였다. 내가 달러 투자를 하게 된 에피소드가 있다. 어찌어찌 해외여행을 갈 기회가 생겼는데, 여행 경비를 환전하고 다시 원화로 바꾸는 과정에서 환차익이 발생했다. 원달러 환율이 낮을 때 사둔 달러가 원달러 환율이 오르자 수익이 나는 경험이었다. 심지어 이렇게 발생한 수익에는 소득세 등 세금도 일절 붙지 않았다. 유리지갑 직장인으로 살아온 내 눈에는 그저 놀라운 일이었다. 이후 본격적으로 달러 투자에 나섰다.

매직 스플릿

방법은 간단하다. 가격이 내리면 더 사고, 적당히 오르면 되파는 일을 반복했다. 달러 가격은 일정한 가격대에서 오르내림을 반복한다. 따라서 사고 기다리면 팔 기회가 왔고, 거꾸로 팔고 기다리면 다시 살 기회가 찾아왔다. 낮은 수익률이더라도 잦은 거래로 수익이 쌓이면 큰 수익이 된다. 일정 구간 안에서 가격 오르내림을 반복하는 달러의 고유 특성을 파악한 정말 안전한 투자였다.

매수한 달러를 모두 팔고 다시 가격이 낮아지기를 기다리는 일은 어렵지 않았다. 마음이 조급해진다 싶으면 미국인의 입장이 되어 원화를 전량 매수한 상황으로 생각했고, 달러를 살 때 미국인이 되어 사둔 원화를 매도한다고 여겼다. 한쪽만 바라보지 않고 투자 포지션을 이원화해 대응했다. 결과적으로 달러가 오르고 내리는 두 위치에서 모두 수익을 만들었다.

돈이 돈을 버는 시스템을 만들어라

'오마하의 현인' 워런 버핏은 "좋은 공이 왔을 때만 방망이를 휘둘러야 한다"라고 강조했다. 그러나 나는 아예 방망이를 휘두르지 않고 볼넷을 얻어 1루까지 진루할 수 있었다. 가만히 앉아서 돈을 버는 즐거움과 함께 큰 깨달음이 왔다. '돈은 노동이 아닌 돈으로 벌어야 한다'는 것이다. 자본주의 시스템에서는 자본을 가진 자가 더 빨리, 그리고 쉽게 돈을 불린다. 자본주의는 노동자보다 자본가에게 훨씬 유리하다는 걸 돈을 벌며 알았다.

앞서 말했듯, 은행에 돈을 넣는 건 바보 같은 짓이다. 물가상승률을 고려하면 이자율과 동일하다고 하더라도 실질적으로는 손해를 보기 때문이다. 그렇다면 수익률 10%를 만들려면 어떻게 해야 할까? 괜찮은 방법은 예적금에 가입하지 말고 예적금을 판매하는 그 은행의 주식을 사는 것이다. 주가가 오르면 수익 실현을 해서 좋고, 은행주는 배당도 높은 편이니까(은행마다 다르지만 적어도 4% 정도 배당 수익이 발생한다.) 배당 수익도 기대할 수 있다. 예적금을 고민 중이라면 한결 더 수익이 높고 배당 수익도 챙겨주는 은행주에 투자해볼 만하다. 가령 연 10% 수익을 목표로 할 때, 매직 스플릿을 활용한 은행주 투자로 큰 욕심 없이 연 6~7% 수익을 내고, 모자란 수익을 배당금으로 채우는 것도 꽤 괜찮은 투자 아이디어다.

여기서 한 가지 마법 같은 사실은, 매직 스플릿으로 '10% 수익 만들기'가 결코 힘든 일이 아니라는 것이다. 주식 투자를 해본 사람이라면 알지만 10% 수익을 내기란 절대 쉽지 않다. 그럼에도 정말 많은 수의 매직 스플릿 사용자가 10% 이상 수익을 만들어내는 모습을 보며 나 역시 깜짝깜짝 놀라곤 한다. 물론 어떤 종목을 선택했느냐에 따라 수익 차이가 나지만, 이미 매일 혹은 매월 매직 스플릿으로 만든 수익을 공개 인증하는 사람들이 수두룩하다.

달러의 하방성

미국 달러는 하방이 막힌 대표적인 상품이다. 하방이 막혔다는 건 달러 가격이 일정 가격 아래로 더 내려가지 않는다는 의미다. 오를 때도 내릴 때처럼 일정 구간 안에서만 움직인다. 이를 상·하방이 막혔다고 말한다. 하방이 튼튼하다는 개념은 달러 투자를 하면서 배웠다.

하방이 막힌 상품이 매직 스플릿 투자에 특히 적합하고 안전하다. 달러는 하방도 견고하고 상방도 닫혀 있어 대체로 늘 박스권이다. 바로 이런 종목이 매직 스플릿 투자에 알맞다. 참고로 달러 외에도 투자에 적당한 상품은 원유다. 원유는 생산량을 쥐락 펴락하는 몇몇 나라가 똘똘 뭉쳐 가격을 방어한다. 유가가 크게 떨어지면 감산, 너무 오르면 증산하는 식으로 조절한다. 이처럼 어느 정도 상·하방 가격이 정해진 상품을 투자 대상으로 삼아야 한다.

스트레스 없는 투자가 가능한 이유

MAGIC SPLIT

돈이 돈을 번다. 돈의 크기가 클수록, 즉 자본이 많을수록 경제적 자유로 가는 길이 상대적으로 쉽게 열린다. 이 사실을 나이 40세에 가까워졌을 때 비로소 알았다. 이르지도 너무 늦지도 않은 시기였다고 본다. 노동뿐 아니라, 돈이 돈을 버는 수단임을 안 이후 돈으로 돈을 버는 행위인 투자 공부에 매달렸다. 어떤 투자를 하든 투자 행위에는 위험이 뒤따르기에, 크게 그리고 많이 잃어본 나로서는 더 집중해서 공부하고 고민해야 했다. 책은 적은 돈으로 큰 교훈을 얻을 수 있는 가장 좋은 수단이다. 이미 세상에는 부족한 나의 멘털을 잡아주고, 실력을 키우는 데 도움이 될 책들이 많다. 누구든 마음만 먹으면 손에 넣을 수 있는 귀한 조언들이다. 재차 강조하지만 공부하는 사람 앞에 장사 없다.

잘못된 투자 습관이 건강을 해친다

경제적 자유를 얻고 나니 후회되는 점이 하나 있었다. 그동안 건강에 너무 소홀한 것이다. 돈이 아무리 많아도 내일 당장 죽으면 아무 소용 없다. 그런데 돈을 위해 건강을 포기하는 아이러니를 많이들 경험한다. 우리 주변에서 쉽게 접하는 일이다. 내가 매직 스플릿을 만든 이유 중 하나가 가능하면 스트레스 덜 받는 투자를 하고 싶었기 때문이다.

잘못된 투자 습관이 큰 스트레스를 유발한다. 그리고 이는 돈보다 중요한 건강을 잃게 만드는 일로 귀결된다. 매직 스플릿 투자는 나 스스로 제어할 수 없는 욕망을 시스템에 맡긴 채 틈틈이 결과만 확인하면 된다.

매직 스플릿 프로그램을 만들면서 주식 입문자는 물론이고 오랜 시간 주식 투자를 했어도 수익이 안 나오는 분들에게 도움이 될 것으로 생각했다. 좀 과장하면, 나는 이 투자 프로그램을 공익의 목적을 두고 오픈했다. 그래서 프로그램을 관리, 유지하는 데 드는 최소 비용만 받기로 했다. 더 욕심부려 이윤 추구에만 목적을 두었다면 꽤 많은 돈이 통장에 찍혔을 것이다. 하지만 나는 이미 경제적 자유를 이루었다. 큰 욕심이 나를 망치는 길임을 너무나 잘 안다. 대신에 주변의 많은 분들이 경제적 자유를 이루는 데 보탬이 되기를 바라는 마음만큼은 더 많이 욕심을 부리고 싶다.

돌다리도 두드리고 건너는 심정으로, 매직 스플릿을 활용한 주식 투자가 과연 얼마의 수익을 내줄지 1년 넘도록 테스트했다. 그 결과를 블로그에 공개했는데 놀랍게도 주가가 오르면 오르는 대로, 거꾸로 주가가 내리는 상황에서는 더 큰 수익이 만들어지는 마법이 일어났다. 공개 투자도 해보고, 카페와 블로그 회원이 추천한 종목에 투자도 해보았다. 모든 종목에서 수익이 난 건 아니지만 대부분의 종목에서 수익이 발생했다. 수익이 나지 않은 종목은 상폐각에 몰렸거나, 위험한 CB 발행 등 주의가 필요한 종목에 잘못 들어갔을 때로 한정된다.

하루하루, 매일매일, 조금씩 쌓이는 수익의 힘은 생각보다 훨씬 강력하다. 여기에 복리의 효과가 더해지면 그 힘은 배가 된다. 이 과정을 3만 명 이상의 카페, 블로그 회원이 지켜보았다. 우리는 세상에 매직 스플릿 프로그램을 공개했고, 현재 3만 2,000명이 넘는 분들이 프로그램을 사용하며 투자의 신세계를 경험하고 있다.

'누구나 쉽게 주식 투자를 할 수 있다고?'

'하락장에서도 수익이 꾸준하다고?'

'도대체 어떻게 그런 일이?'

수익을 실현한 사람들의 입소문 덕분인지 시간이 지날수록 회원 수가 점점 늘고 있다. 지금 주식 투자를 하고 있는 사람들 혹은 관심은 있지만 선뜻 시작하지 못한 사람들에게 추천한다. 특히 주식으로 손해를 본 경험이 있다면 매직 스플릿 투자를 안 할 이유가 없다. -50% 이상 큰 손해를 본 경험이 있다면, 재무구조가 탄탄한 종목을 잘 잡았지만 고점에 들어가 물린 경험이 있다면, 2~3% 낮은 수익률로 장기간 수익 실현을 못한 경험이 있다면, 지금 당장 매직 스플릿을 시작하길 권한다. 계좌의 수익률이 달라질 것이다.

MAGIC
SPLIT

2장

투자의 진화,
스플릿-세븐 스플릿
-매직 스플릿

투자 아이디어의 시작, 스플릿

MAGIC SPLIT

블랙잭 게임에는 스플릿(split)이라는 개념이 있다. 영어 뜻 그대로 '나눈다'는 의미다. 딜러가 처음에 나누어주는 카드 2장이 동일한 숫자인 경우, 이를 2개의 패로 나누어 개별로 게임을 진행할 수 있다. 물론 패를 둘로 나눌지 그냥 하나로 할지는 선택 사항이다. 스플릿을 하면 패가 하나 추가되니까 베팅액도 더블로 들어간다. 스플릿은 승리 확률이 더 높은 조합을 만들기 위한 게임 전략이다.

나는 높은 승률을 위해, '하이리스크(high-risk)-하이리턴(high-return)'

을 전제로 삼는 도박판에서 정반대 개념인 '로우리스크(low-risk)-로우리 턴(low-return)' 전략으로 일관했다. 의도한 대로 승률은 높았지만 베팅액 의 크기가 워낙 작아 큰 수익을 만드는 데에는 한계가 있었다. 온종일 앉 아 게임으로 버는 돈이 하루 인건비도 안 되는 상황에 현타가 왔다. 그렇 다고 자칫 욕심을 부려 베팅액을 높이기라도 하면 그때부터는 제어하기 힘든 멘털이 개입되어 게임을 망치게 되었다. 결국 채산성 문제를 극복하 지 못했고 카드 게임으로는 큰돈을 벌 수 없음을 깨달았다.

블랙잭 기술을 주식에 적용하다

도박장을 벗어나고 보니 어렵사리 배운 블랙잭 베팅 기술이 아까웠다. 어디 써먹을 만한 곳이 없을까 찾아보았다. 다행히 세상에는 도박보다 한 결 쉽고 안정적인 투자처가 여럿 존재했다. 달러, 주식, 채권, 부동산 그리 고 코인. 투자 대상만 다를 뿐 돈을 걸어 돈을 불려가는 투자 메커니즘을 공유한다. 가장 위험한 도박에서도 큰돈은 아닐지언정 꾸준히 수익을 만 든 나였기에 달러와 주식에 투자해보기로 했다.

'도박으로도 돈을 벌었는데, 그에 비하면 주식은 꽤 안정적이지. 돈을 못 벌 이유가 없다!'

과거 주식으로 잃을 땐 이렇다 할 전략도 작전도 없었다. 그러나 자본주 의 시스템을 이해하고 보니 전략적으로 접근하면 주식이야말로 안정적인 수익의 원천임을 알았다.

　나는 카지노 게임에서 수없이 해본 스플릿, 즉 카드 패 나누기를 주식 투자에 적용해 '분할매매'로 생각을 확장했다. 이를 기반으로 절대 잃지 않으면서 소액이라도 꾸준히 돈 버는 필승 시스템을 구축하는 데 몰두했다.

기다림의 미학?
마냥 기다리면 돈이 '돌' 된다
MAGIC SPLIT

타지로 떠난 남편을 기다리다 돌(망부석)이 되었다는 설화를 아는가. 주식시장에도 망부석 스타일의 투자자들이 있다. '언젠가 오르겠지!'라는 희망으로 마냥 버티는 것이다. 주가가 오르면 다행이지만(안타깝게도 많이 올랐는지 적당히 올랐는지 잘 몰라 '더 오를 수도 있겠는데?' 하며 또 버틴다.) 대부분은 운이 나쁜 축에 속한다. 주가 하락을 더 많이 경험한다는 이야기다. 이 경우 '언젠가 오르겠지'라는 기대가 희망 고문이 되어 매도 시기를 놓치게 된다. 영영 복구 불능한 휴짓조각이 될 때까지 말이다. 일단 매수하고 무작정 오르기만 기다리는 건 투자가 아니다.

주식 투자에서는 사는 것보다 파는 것이 더 중요하다. 특히 주가가 하락할 때 어떻게 대응하는지에 따라 수익의 크기가 달라진다. 주가가 오르기만 기다리며 무대응으로 일관한다면 묵묵히 기다린 그 시간 동안 벌 수 있는 기회비용만큼의 손해가 발생하는 것이다.

주식에 투자 후 가격이 내렸다고 가정해보자. 대부분의 사람은 평가 손익에 빨간불이 들어올 때까지 쉽게 오르지 않는 주가를 하염없이 바라보며 기다린다. 자금에 여유가 있는 사람들은 매입가를 낮추기 위해 물타기를 반복하다 예상보다 큰돈이 물리기도 한다.

박스피에서 가치투자를 하면

2020년 9월 무렵 코스피지수는 2,300포인트였다. 그리고 3년 후인 2023년 10월 무렵의 코스피지수 역시 2,300포인트였다. 오르지도 내리지도 않은 정확히 제자리걸음이었다. 물론 중간중간 주가가 제법 오르거나 내리기도 했을 테지만, 공교롭게도 3년 전후의 코스피지수가 2,300선에 갇혀 있었다. 주가는 전체 흐름을 타고 움직인다. 당연히 코스피지수가 좋아야 개별 주가도 덩달아 오르는 구조, 커플링(coupling, 동조화) 현상을 보여준다. 큰 흐름이 좋아야 작은 흐름도 좋기 마련이다. 만약 내가 어떤 종목을 매수해 3년 동안 팔지 않고 기다리는 바이앤홀드(buy & hold) 전략을 취했다면 수익은 0%다. 여기에 물가상승률과 시간이라는 기회비용까지 더하면 사실상 마이너스다.

우리나라 코스피는 미국 주식처럼 우상향하며 오르는 대신 긴 시간 횡보하는 장을 더 많이, 오랫동안 보여주었다. 해가 바뀌어도 코스피 2,000 박스권에 갇혀 좀처럼 3,000포인트를 넘지 못했다. 그래서 사람들은 푸념 섞인 말로 박스(box)에 갇힌 코스피(KOSPI), '박스피'라고 부르기도 한다.

예외적으로 2021년 4월 중순 딱 한 차례 코스피지수가 사상 최고치인 3,220포인트를 찍은 적이 있기는 하다. 당시 '주린이'라 불린 초보 투자자까지 뜨거운 '불장'에 들어와 '10만 전자'를 외치며 매수에 동참했을 때였다. 안타깝게도 코스피 3,000포인트는 단 며칠이 전부였다. 이후 지금까지 주가는 2,300~2,800선을 오르내리기를 반복하며 박스피 현상을 유지하고 있다. 2024년 초, 여러 기관과 전문가 그룹이 2024년 코스피 최고점을 2,800포인트 선 안팎으로 예측했다. 누구도 3,000포인트까지 오를 거라고 용감한 예측을 하지는 못했다. 진짜 특별한 호재가 부상하거나 전 국가적으로 긍정적인 이벤트가 부재하다면 앞으로도 코스피지수 3,000포인트 안착은 요원한 일이다.

하락장에서 수익을 내는 방법

박스권에서 등락을 반복하는 주식으로 어떻게 수익을 내는지, 내가 매직 스플릿으로 투자한 사례를 하나 소개하겠다. 종목은 '태경비케이'다.

태경비케이는 첫 매수 이후 11%나 하락한 종목이다. 하지만 하락의 상황에서도 내리면 나누어 사고, 오르면 나누어 파는 거래를 통해 누적 수익은 오히려 플러스가 되었다.

박스권에서 하락 중인 태경비케이 주가

투자 전략이라는 게 그리 대단할 것도 없다. 계좌를 여러 개로 나누어

매직 스플릿

5% 하락할 때마다 분할매수하고, 3% 이상 상승하면 수익 실현을 한 것뿐이다.

태경비케이 수익률

차수	날짜	수량	단가	구분	손익	수익률
1차	2023.09.07	140	7,060	매수	-111,052	-11.24
2차	2023.09.27	148	6,630	매수		
2차	2023.10.23	148	7,210	매도	83,406	8.50
3차	2023.10.16	158	6,310	매수		
3차	2023.10.20	158	6,530	매도	32,407	3.25
4차	2023.10.20	166	6,000	매수		
4차	2023.10.20	166	6,200	매도	30,852	3.10
2차	2023.10.23	148	6,720	매수		
2차	2023.10.23	148	6,954	매도	32,292	3.25

태경비케이   기업개요   6,280   +4.67%

전체보기   진행매매   A 매매설정   메모

매입금액 24,937,050   손익액 705,816
평가금액 25,696,710   수익률 +2.83%

매수   매도   뉴스   차트   닫기

이 외에도 카페와 블로그에 공개한 투자 결과가 무수히 많다. 적게는 15% 수익에서 많게는 40% 이상 수익을 만들어냈다. 하락장이라고 마냥 떨어지는 것은 아니다. 그 안에서 올라가고 내려가는 상승과 하락을 반복한다. 이를 활용해 어떻게든 수익을 만들어야 한다.

절대 잃지 않는 안전한 투자법

① 주가가 떨어지면 더 사고, 주가가 오르면 판다.

② 작은 수익이 나더라도 욕심 부리지 않고 판다.

③ 이를 반복한다.

아주 작은
수익의 힘

MAGIC SPLIT

스플릿 투자의 진가는 상승과 하락을 반복하는 박스권에서 더욱 빛을 발한다. "5% 하락 시 매수하고 3% 상승 시 매도하면 2%밖에 못 먹는 거 아니야?"라고 생각할 수도 있다. '밖에'가 아니다. 나는 0.5% 수익으로도 큰돈을 벌었다. 2018년 달러 투자로 시장수익률의 17배를 번 이야기다.

2018년 1월 1달러 환율이 1,060원이었고, 2018년 12월 1달러 환율이 1,120원이었다. 만약 내가 1월 초에 달러를 사서 12월에 팔았다면 시장 수익률과 같은 5.7% 수익을 냈을 것이다. 가령, 달러에 1억 원을 투자했다면 570만 원 정도 벌었을 거란 소리다. 하지만 나는 1년 동안 매도와 매수를 반복했다. 0.3~0.7% 정도 오르면 매도하고, 다시 가격이 내리면 매수했다. 그 결과 97% 수익률을 달성했다.

달러를 사서 평균 0.5%(0.3~0.7%의 중간) 수익이 모여 복리효과가 더해지면 100% 이상의 수익도 가능해진다. 과장된 이야기일까? 절대 그렇지 않다. 이해를 돕기 위해 수식으로 표현하면 다음과 같다.

일평균 0.5%의 1년 수익

0.5% ×20일 =10% (월평균 수익)	10% ×12개월 =120% (연평균 수익)	120% + 복리

'겨우 0.5%'였지만 이것이 반복해서 쌓이고 거기에 복리가 더해지면 큰 수익이 된다. 바이앤홀드로는 결코 얻을 수 없는 수익이다.

달러 투자에 성공하고 나니 큰 틀에서 횡보하는 주식에서도 충분히 수익을 낼 수 있다고 판단했고 결과로 입증했다. 오랜 시간 박스권에 갇혀 횡보하는 국내 주식시장처럼 오르내리기를 반복하는 장에서는 적당히 내렸을 때 사고, 적당히 오르면 파는 투자가 수익을 만들기 적합하다. 지금도 여전히, 향후 시장이 어떻게 변할지 모르지만, 현재로선 이 방법이 가장 효과적이라고 생각한다. 재차 강조하건대 나는 달러도 주식도 내리면 사고 오르면 팔았다. 그리고 반복했다. 이미 카지노 게임 경험을 통해 꾸준히 적은 수익을 내는 베팅, 그 수익에 만족하는 법에 익숙해진 덕분이었다.

기쁨은 나누면 배가 되고, 주식은 나누면 수익이 된다

MAGIC SPLIT

세계적인 투자 대가로 손꼽히는 투자자들은 자신만의 투자 철학과 원칙을 가지고 있다. 저마다 성공한 방법은 다르지만 그들이 공통적으로 강조하는 것이 몇 가지 있다. 그중 하나가 분할매매다.

미국 월 스트리트의 주식 전문가 피터 린치(Peter Lynch)는 13년 동안 (1977~1990년) 마젤란 펀드(Magellan Fund)를 운용하며 29.2%의 연평균 투자수익률을 만들어낸 투자의 귀재로 알려져 있다. 그는 자신의 책『피터 린치의 투자 이야기』에 다음과 같은 말을 남겼다.

"분할 적립식 투자는 상승장과 하락장에서 흔들리지 않도록 보호해줄 것이다."

투자자들이 수십억 원 점심 비용을 들여가면서까지 그의 투자 혜안을 듣기 원한다는 인물, 워런 버핏(Warren Buffett) 역시 피터 린치와 비슷한 이야기를 강조했다.

"잘 아는 종목에 장기투자하라. 자신이 없다면 인덱스 펀드에 분할 투자하라."

투자 공부를 조금이라도 한 투자자라면 이미 수없이 들은 말일 것이다. 한 번에 사지 말고 나누어 사라. 이토록 분할매수를 강조하는 이유는 쉬운 듯해도 쉽게 따라 하지 못하는 영역이기 때문이다.

내가 산 주식이 떨어져 매수 단가(평단가)를 낮추고자 물타기를 하는 일도 종종 있는데, 이를 분할매수와 혼동하면 안 된다. 물타기는 처음부터 투자 계획에 없었던 '비자발적 추가 매수'다. 많은 투자자가 물타기 경험을 몇 번씩 해보았을 것으로 안다. 주가가 예상과 달리 반대로 움직여 오르기는커녕 흘러내릴 때, 손실 비중을 줄이고자 하염없이 물타기를 해서 힘겹게 빠져나오기도 한다. 평단을 낮추어 빠져나오는 투자자 대부분이 원금 손실도 경험한다. 본전도 못 찾는 것이다.

그러나 분할매수는 접근이 다르다. 자발적, 계획적, 의도적인 추가 매수다. 평소 눈여겨보며 괜찮다고 여긴 주식을 되도록 저렴한 가격에 사기 위한 투자 전략 중 하나로 생각해야 한다. 이 전략에 따르면, 주가가 내렸을 때 주식을 더 사는 행위는 매우 안전하고 바람직한 투자 전략이 된다.

고정값이 아닌 변동성을 가진 주가의 특성상 우리는 한 기업의 주가가 언제 바닥인지 알 수 없다. 종목 분석에 탁월하고 투자 통찰력을 갖추었으며, 사자의 심장을 가진 용기 충만한 투자자일지라도 적절한 매수 시점을 맞추기 어렵다. 뉴스, 차트 등을 참고해 적당히 올랐다가 내려와 횡보하는 눌림목 지점 또는 향후 성장 가능성이 커서 주가가 슬슬 꿈틀거리는 지점 어딘가에서 주식을 사지만, 내가 매수한 지점이 어깨일지 무릎일지는 지나봐야 안다. 따라서 한 번에 '몰빵'하는 투자는 리스크가 뒤따른다.

추가 매수, 즉 분할매수의 가장 큰 목적은 싼 가격에 주식을 더 담는 것이다. 눈치 빠른 분들은 여기서 또 하나의 답을 찾았을 것이다. 한 번에 팔지 않고 나누어 파는 분할매도의 목적 말이다. 주식은 싸게 사서 비싸게 팔 때 수익이 극대화된다. 저렴한 구간에서 주식을 사지 못했더라도, 높은 가격에 주식을 팔면 된다. 주가 고점이 언제일지는 신도 모른다. 만약 고점이 언제인지 안다면 고점에 일괄매매를 하면 된다. 그렇지 않다면 무조건 분할매도를 해야 한다.

많은 사람이 주가가 오르면 '팔지 말걸' 후회하고, 주가가 내리면 '팔걸' 하고 후회한다. 분할매도를 하면 매도 후 주가가 더 오르더라도 남은 주식의 가격이 높아져 좋고, 거꾸로 주가가 매도한 가격보다 내려가더라도 수익을 실현한 주식이 있으니 재매수 기회로 활용할 수 있어 좋다. 올라도 좋고 떨어져도 좋으니 일희일비하지 않고 심리적으로 안정된 투자를 할 수 있다. 주식 투자에서 나누어 사고, 나누어 파는 일만큼 중요한 게 또 있을까 싶다.

"기쁨을 나누면 배가 되고, 슬픔을 나누면 반이 되고, 주식을 나누면 수익이 된다!"

물타기 NO! 물린 주식 탈출기

주식 투자를 하면서 크게 물린 경험을 하나 소개한다. 인간이라면 불가능했을 대탈출극 'LG생활건강' 투자 스토리다. 1년 전 내가 처음 종목을 매수한 가격 대비 무려 -46%까지 떨어졌다. 만약 내가 이 종목을 바이앤홀드로 대응했다면 아직까지 뼈아픈 손실을 감내하며 언젠가 오를 날만

LG생활건강 마이너스 수익률

LG생활건강 (051900) 매매 내역		모든 매매 내역					
전체보기	진행중인 매매 보기	종료된 매매 보기	⚙ 자동매매 설정	종목메모			

매매건수		매입금액	평가/매도금액		손익액		수익률(%)
21 건		19,407,000	17,292,000		-2,155,084		-11.10

차수	날짜	수량	단가	금액	매매구분	현재가	평가손익	수익률
1차	2023.05.12	2	569,000	1,138,000	매수	308,500	-522,494	-45.91
2차	2023.05.30	2	541,000	1,082,000	매수	308,500	-466,484	-43.11
3차	2023.06.14	2	514,000	1,028,000	매수	308,500	-412,474	-40.12
4차	2023.06.26	2	489,000	978,000	매수			
4차	2023.08.10	2	505,000	1,010,000	매도	-	29,690	3.04
5차	2023.06.29	2	464,000	928,000	매수			
5차	2023.08.10	2	479,000	958,000	매도	-	27,814	3
6차	2023.07.06	2	441,500	883,000	매수			
6차	2023.07.12	2	456,000	912,000	매도		26,916	3.05

을 기다리고 있을 것이다. 그러나 매직 스플릿 투자로 매도와 매수를 반복했기에 격차를 조금씩 줄일 수 있었다.

2024년 5월 중순 기준 LG생활건강의 주가는 여전히 1년 전 첫 매입가 대비 -20% 상황이지만, 내 계좌는 '빨간불'이 되기까지 현재 딱 0.5%만 남겨놓은 상황이다(이 주식을 보유한 1년간 내가 받은 배당을 포함하면 플러스 수익이다). 1년간 처절했던 전투 일지를 살펴보니 직접 대응했다면 절대로 해낼 수 없는 일이라는 생각이 든다. 기계적으로 내리면 사고 오르면 파는 걸 반복한 매직 스플릿이었기에 가능한 결과였다.

LG생활건강 매직 스플릿 결과

LG생활건강		기업개요
전체보기	진행매매	Ⓐ 매매설정
매입금액 19,407,000	손익액	-98,638
평가금액 19,349,000	수익률	-0.51%

혹자는 손실액이 줄었을지언정 수익이 없으니 얻은 것 없는 실패 투자라고 말할 수 있다. 그러나 주식 투자를 해본 경험이 있는 사람이라면 알 것이다. 물린 종목에서 탈출하는 것만으로도 얼마나 감사한 일인지. 게다가 매수 평단가를 20% 낮추었다고 볼 수 있기에 성공적인 투자까진 아닐지라도 손해를 본 투자는 절대 아니다. 물타기 없이 물린 종목에서 탈출하

는 거의 유일한 방법이 아닐까 싶다. 분할매매가 지닌 힘을 확인할 수 있는 사례라 하겠다. 나와 비슷한 일을 겪고 있는 투자자라면 부디 그 드라마가 해피엔딩으로 끝나기를 바란다.

투자 고수의 손절 타이밍

MAGIC SPLIT

투자를 하다 보면 손절을 고민하는 순간이 찾아온다. 누구는 상황을 판단해 가면서 손절해야 한다고 말하고, 누구는 일정 하락률을 미리 정해놓고 손절하는 게 좋다고 말한다. 이유가 어찌 되었든 두 방법 모두 손절을 상정하고 있다. 자타칭 수많은 주식 전문가가 투자 전략 중 하나로 손절의 기준이라며 다음과 같이 친절하게 알려주기도 한다.

"2만 원이 매수 시기, 수익 구간은 2만 5,000원까지입니다. 만약 주가가 1만 5,000원까지 내리면 손절을 권합니다!"

매직 스플릿

주가가 1만 5,000원까지 내린 데에는 응당 여러 이유가 있다. 시장 상황의 변화, 작전 세력의 농간, 거짓 소문 등 이유가 수도 없이 많다. 정확한 하락 원인 파악도 없이 주가가 1만 5,000원에 닿으면 뒤도 안 돌아보고 손절하는 게 능사일까?

물론 더 큰 손실을 손절로 막을 순 있겠지만, 손절은 말 그대로 '손실의 확정'을 뜻한다. 더는 그 주식으로 돈 벌 기회가 사라지는 것이다. 손절이 과연 필요한지 궁금하던 차에 워런 버핏이 큰 깨달음을 주었다. 손절과 관련해 그가 남긴 말을 소개한다.

"나의 첫 번째 투자 원칙은 '절대 잃지 않는 것'이다. 그리고 두 번째 원칙은 '첫 번째 원칙을 잊지 않는 것'이다. 그게 전부다. 무엇이든 그것의 가치보다 싸게 사면 돈을 잃지 않는다."

세계 최고 투자자의 말인지라 많은 사람이 무게감이 있는 조언으로 여긴다. 그런데 버핏의 조언은 각자 처한 상황에 따라 조금씩 해석이 달라질 수도 있다. 나는 버핏의 말을 접한 후 손절 고민이 말끔하게 사라졌다. 제대로 산 주식이라면 손절할 필요가 없다. 다시 오를 때까지 기다리면 그만이다.

남들 다 고민하는 손절 타이밍도 신경 안 쓴다. 달러를 매수했는데 환율이 떨어지면 손절하지 않고 오를 때까지 기다렸다. 달러가 폭망해 휴짓조각이 될 가능성은 희박하니까 기다림이 가능했다. 세계 경제를 쥐락펴락하는 최고 기축통화 아닌가! 그리고 오르기를 기다리는 동안 달러를 사둔 은행에서 이자도 제공해주니 기다림도 견딜 만했다. 주식은 달러보다 투자 리스크가 한결 더 높기는 하지만 배당이라는 주식만의 매력이 존재한다. 달러에는 없는 제도다. 어떤 종목은 은행 이자보다 높은 배당 수익을 챙겨주기도 한다. 결론적으로 나의 투자 사전에 손절이란 없다. 지난 시절 손해를 무수히 경험한 터라 손실, 손해, 마이너스라는 단어만 들어도 몸에서 소름이 돋는다. 그러니까 처음부터 될 만한 주식만 골라 담고, 예상과 달리 주가가 내려도 절대 팔지 않고 기다린다.

손절은 투자자가 반드시 갖추고 있어야 할 전략이 아니다. 인간의 본능 중 '손실 회피 편향' 심리가 있다. 수익엔 무딘 반면, 손실엔 민감하게 반응하는 이유가 우리 내면의 심리가 발현되기 때문이다. 손실 회피 심리를 잘 알려주는 유명한 이야기가 있다. 여러분은 아래 제시한 두 게임 중 어디에 돈을 걸 것인가?

게임 ① 승리하면 100만 원을 받고, 패하면 10만 원을 내야 한다.
게임 ② 승리하면 10만 원을 받고, 패하면 1만 원을 내야 한다.

우리 내면의 심리는 이익으로 얻는 기쁨보다 손실로 인한 괴로움을 더 크게 느끼기 때문에 2번 게임에 더 많이 참여한다고 한다. 주가가 크게 내려 눈물을 머금고 내던진 투자 실패를 '손절'이라는 말로 미화해선 안 된다. 엄청난 손실을 마주하고 싶지 않은 공포가 계획에 없던 손절을 부추기더라도 절대 손절하지 않겠다는 용기와 결단이 필요하다.

매직 스플릿

여기서 우리가 기억할 건 손절할 만큼 엉터리 주식에 애당초 접근하지 말아야 한다는 점이다. 손절 결정은 주로 테마주, 소문만 믿고 덜컥 매수한 시쳇말로 '잡주'를 샀을 때 발행하는 리스크다. 그러니까 누구나 아는 견실한 기업의 주식이 투자 대상이어야 한다.

물론 괜찮은 종목을 샀더라도 손절의 유혹은 항상 있다. 가령, 2020년 말 삼성전자 주가가 9만 원대를 넘어서자 언론을 비롯해 수많은 사람이 10만 전자가 눈앞에 왔다며 이구동성으로 말했다. 글로벌 기업으로 발돋움한 삼성전자 주식을 단 한 주도 보유하지 못한 사람들까지 서둘러 계좌를 개설했고 10만 전자 주주가 되고자 투자에 동참했다. 그런데 10만 전자 고지를 넘어서지도 못한 채 이후 삼성전자 주가는 -40%를 넘어 반 토막에 가까운 5만 원대까지 밀리기도 했다. 그리고 3년이 흘렀다. 크게 밀렸던 삼성전자 주가는 2024년 5월 초 기준 7만 원대 중반에서 횡보 중이다.

고점에서 이 주식을 산 투자자들은 힘겹고 지친 마음에 손절을 고민할 수 있다. 그러나 나는 반대한다. 언젠가 삼성전자 주가가 10만 원을 넘어서는 날이 올 것이다. 다만 손절 대신 변동성 흐름에 따라 적당히 오르면 매수, 적당히 내리면 매도하는 투자를 반복해서 손실을 만회하는 게 최선이다. 그렇게 수익을 만들어가다가 마침내 주가가 크게 올라 매입가를 넘어서면 익절로 대응하자. 정말 요상한 주식을 산 게 아니라면, 반드시 주가 회복의 기회가 찾아온다.

어느 정도 투자 실력을 갖추기 전까지는 손절을 머릿속에서 지워두자. 아예 사용하지 않는 것이다. 어떤 기업의 주가가 내재가치보다 낮다고 여겨질 때 그 기업의 주식을 사듯, 해당 기업의 주가가 내재가치보다 높다고 판단할 때 손절 결정을 내릴 수 있다. 이런 결정은 투자 고수의 영역이라 초보자에겐 조금 힘든 일이다. 내재가치가 어쩌고 저쩌고 하는 이야기는 복잡하고 머리 아픈 일이기도 하다. 따라서 잘 모르면서 어설프게 손절을 시도하느니 그냥 놔두는 편이 더 좋은 결과를 만들기도 한다.

투자 고수와 하수의 차이

- **고수**: 수익은 길게, 손해는 짧게 가져간다. 애당초 손해가 클 것 같은 주식은 투자 대상에서 제외한다. 과열된 시장에선 신중하고 하락장에선 기회를 엿본다.
- **하수**: 수익은 짧게, 손해는 길게 가져간다. 공부가 부족해 손해가 클지 작을지 알지 못한다. 터무니없는 소문에 과감히 사고 근거 희박한 공포에 바로 내던진다.

매직 스플릿

세븐 스플릿으로
가치투자를 완성하다

MAGIC SPLIT

지금까지 스플릿의 개념과 분할 투자의 중요성에 대해 살펴보았다. 이제 본격적으로 세븐 스플릿에 관한 이야기를 하고자 한다.

나는 블랙잭 게임에서 패를 나누는 스플릿 기술을 주식 투자에 적용했고, 7분할 계좌 매매라는 투자 아이디어를 고안해 이를 '세븐 스플릿(Seven Split)'이라 명명했다.

간혹 세븐 스플릿을 처음 접했을 때 "매매기법적 접근은 위험해"라고 말하는 사람이 있다. 이에 대한 오해를 바로잡고 싶다. 나는 무려 18년 동안 잃는 투자를 해왔다. 그래서 누구보다 간절하게 잃지 않는 투자를 하고 싶었다. 그래서 절대 잃지 않으면서 소액이라도 꾸준히 돈을 벌 수 있는 안전한 투자법을 찾고자 했다. 이를 위해 내가 한 일은 세 가지다.

①책을 보며 투자 대가들의 투자 철학을 공부한다.
②내재가치 분석 능력을 키워서 되도록 안전한 기업에 투자한다.
③약한 멘털과 인내심을 보완하고자 나만의 투자 시스템을 구축한다.

①, ②번은 가치투자를 믿는 투자자들에게 익숙한 내용이다. 다만 ③번은 가치투자와 상반된 개념이라고 생각할 수도 있다.

앞서 말했듯, 스플릿의 개념은 블랙잭에서 비롯되었다. 승률이 높았음에도 불구하고 게임을 지속하지 못했던 이유는 낮은 베팅액 때문이었다. 베팅액이 1,000원을 넘어가면 멘털이 흔들려 올바른 판단을 하지 못했다. 내가 나의 멘털을 통제할 수 없다면 이를 시스템에 맡기는 것이 이롭다고 판단했다. 나는 나의 취약점인 약한 멘털과 인내심을 보완하기 위해 세븐 스플릿으로 나를 통제하고자 했다.

세븐 스플릿은 주식 거래 계좌를 7개로 나누는 것에서부터 시작한다. 계좌를 7개로 나누는 이유는 7차로 분할매매를 하기 위함이다. 7개의 계좌는 목적에 따라 크게 두 그룹으로 나뉜다. 1번 계좌는 장기투자용으로, 2~7번 계좌는 단기투자용으로 사용한다. 1번 장기투자 계좌를 운용하다가 일정 비율 이하로 주가가 떨어지면 나머지 6개 계좌가 출동해 추가로 주식을 사고파는 방식이다.

이렇게 계좌를 나누어 관리하면 가치투자와 단기투자를 병행할 수 있기 때문에 주가 하락 시기에도 수익을 만들 수 있다. 그러나 이보다 더 매력적인 점은 '흔들리지 않는 투자'가 가능해진다는 것이다.

흔들리는 멘털을 잡아주는 시스템 투자

개인적인 경험에 따르면, 스스로 통제하기 가장 힘든 부분이 감정의 영역이었다. 가령, 오르는 주식을 보면 더 오를 것 같아 쉽게 팔지 못하고, 내리는 주식의 경우엔 본전 생각이 나 적절히 대응하지 못한다. 그러나 주식 계좌를 물리적으로 나누어 시스템으로 통제하면 이 문제가 해결된다. 심리가 개입할 여지를 아예 차단하는 것이다. 고민하지 않고 미리 정해둔 가격에 주가가 이르면(오르든 내리든) 기계적으로 사고파는 것이 핵심이다.

전략도 없이 어설프게 접근해 잃기만 하던 투자를 하다가, 잃지 않고 조금씩 수익이 나는 유의미한 성과를 직접 눈으로 보게 되면 더 이상 주가에 연연하지 않게 된다. 주식이 오르고 내릴 때마다 계좌에 수익이 찍히기 때문이다. 어떨 때는 내가 주가가 오르기를 원하는지 내리기를 바라는지 헷갈린다. 주가가 떨어질 때 스플릿 투자의 진가가 더 발휘되니까 그렇다. 통제 불가능한 감정의 영역에서 벗어난 투자가 가능해지면 가치투자가 훨씬 쉬워진다.

세븐 스플릿
7원칙

MAGIC SPLIT

가치투자의 창시자라고 알려진 벤저민 그레이엄(Benjamin Graham)은 변덕이 심하고 변화무쌍한 주식시장을 '미스터 마켓(Mr. Market)'이라고 불렀다. 미스터 마켓은 매일 다른 가격을 시장에 제시한다. 어떤 날은 주가가 비싸고 어떤 날은 주가가 저렴하다. 시장에 참여한 투자자는 미스터 마켓이 제안한 가격을 수락하든가 거절할 수 있다.

문제는 미스터 마켓이 변덕쟁이에다 조울증 환자인 것이다. 따라서 미스터 마켓에게 휩쓸리면 시장 참여자도 덩달아 그의 생각을 좇아 비이성적으로 움직일 수밖에 없다. 미스터 마켓의 기분에 휘둘리지 않고 그가 흔드는 시장에서 침착하게 대응해야 한다. 그리고 미스터 마켓의 생각을 역이용하면 주식시장에서 수익을 만들어낼 수도 있다. 이를 위해서는 아래의 원칙을 기억하고 반드시 지켜야 한다.

세븐 스플릿 투자 시 지켜야 할 원칙

1원칙 : 장기투자 계좌 비중은 40% 이상으로 유지한다

2원칙 : 레버리지(신용, 미수)는 사용하지 않는다

3원칙 : 장기투자 계좌의 목표 수익률은 10% 이상으로 정한다

4원칙 : 개별 종목 최초 매수 금액은 해당 계좌 자산의 5% 이내로 정한다

5원칙 : 추가 매수는 이전 계좌의 종목 투자 손실률이 3% 이상일 때만 한다

6원칙 : 추가 매수 투자금 규모는 최초 매수 투자금과 동일하게 한다

7원칙 : 손절매는 하지 않는다

1원칙 : 장기투자 계좌 비중은 40% 이상으로 유지한다

세븐 스플릿은 총 7개의 계좌가 필요하다. 1번 계좌는 목표한 수익률을 달성하기 위해 장기적으로 운용하고, 2~7번 계좌는 주가 하락 시 원금 손실을 막기 위해 단기 트레이딩으로 현금을 창출하는 용도로 운용하기 위함이다. 계좌를 7개로 나눌 땐 편의를 위해 한 증권사에서 계좌를 개설하는 것이 좋다.

계좌를 개설하고 나면 각각의 계좌에 돈을 넣어야 한다. 이때 비율은 장

기투자 40%, 단기투자 60% 정도가 적당하다. 우선 1번 계좌에 전체 투자금 중 40%를 넣어 장기투자용으로 활용하고, 2~7번 계좌에 나머지 자산 60%를 나누어 넣고 단기투자용으로 사용하는 것이다.

장단기 투자 '4:6 비율'은 투자 경험이 모자란 초보자에게 저자가 권장하는 비율이다. 물론 개인마다 투자 성향이 다르니까 장단기 투자 비율을 달리 설정해도 크게 상관은 없지만, 적어도 장기투자 비율을 최소 30% 유지하는 게 좋다. 예컨대 투자금 1억 원을 7개 계좌로 투자 비중을 달리해 나누면 아래의 표와 같다.

투자금 1억 원을 장기투자 비중에 따라 나누어 7개 계좌로 세팅한 예시

구분	1억 원 (장기투자 비중 30%)	1억 원 (장기투자 비중 40%)	1억 원 (장기투자 비중 50%)
1번 계좌	3,000만 원	4,000만 원	5,000만 원
2번 계좌	1,166만 원	1,000만 원	833만 원
3번 계좌	1,166만 원	1,000만 원	833만 원
4번 계좌	1,166만 원	1,000만 원	833만 원
5번 계좌	1,166만 원	1,000만 원	833만 원
6번 계좌	1,166만 원	1,000만 원	833만 원
7번 계좌	1,166만 원	1,000만 원	833만 원

1번 장기투자 계좌에서 '장기'라는 말은 기간을 뜻하는 것이 아니다. 기간에 따른 수익률을 말한다. 1년에 10% 수익률을 목표로 한다면 1년 동

안 지켜보면서 목표 수익률에 도달했을 때 수익을 실현하면 된다. 물론 목표 수익률이 예상보다 빠르게 만들어지기도 한다. 만약 2~3개월 만에 10% 수익이 만들어졌다면 남은 기간을 채우지 않고 수익을 실현한다. 장기투자일지라도 기간에 얽매이지 말고 목표 수익률에 이르면 과감히 익절하고 빠져나오는 것이다. 흔치 않게 장기투자 계좌로 주식을 샀는데, 고작 하루 만에 10% 수익률이 만들어지기도 한다. 그럴 땐 '땡큐!' 하고 수익을 실현한다.

2원칙 : 레버리지(신용, 미수)는 사용하지 않는다

계좌에 넣는 모든 투자금은 100% 내가 보유하고 있는 현금이어야 한다. 단돈 100만 원일지라도 당장 쓸 일이 없는 여유 자금으로 투자하자. 자칫 장기투자 계좌를 비롯해 단기투자 계좌까지 예상치 못한 변수로 장기간 묶일 수 있다는 걸 기억해야 한다. 며칠 내로 당장 써야 하는 목돈, 자녀의 등록금이나 결혼 비용 등처럼 필요한 시기와 쓰임이 정해져 있는 돈은 투자에 적합하지 않다. 당장 인출해야 하는데 주가 하락으로 돈이 묶이면 이래저래 낭패다. 마이너스 통장을 활용해 자금을 융통하는 것도 방법일 수 있으나, 이자가 발생하는 만큼 권장하지 않는다. 이 경우 이자보다 높은 수익이 나와야 하는 부담도 생긴다.

신용거래나 미수거래는 의도치 않게 손실을 확정하는 손절로 이어지기도 한다. 신용을 써서 주식 투자에 나선 경우, 예상 밖으로 주가가 크게 밀리면 반대매매가 발생한다. 매정한 증권사는 주가가 심하게 떨어지면 고객 동의 없이 신용거래로 빌려 매수한 주식을 가차없이 매도한다. 손실 확정의 권한이 나에게 없는 신용, 미수 같은 레버리지 투자는 되도록 하지 않는 것이 좋다.

3원칙 : 장기투자 계좌의 목표 수익률은 10% 이상으로 정한다

장기투자 계좌(1번 계좌)는 자산 증식이 목적이기 때문에 목표 수익률을 10% 이상 잡는 것이 좋다. 물론 개별 종목마다 발전 가능성을 반영해 목표 수익률을 달리 잡아도 좋지만, 명확한 근거 없이 막연하게 높은 수익률은 수익 실현에 도움이 되지 않는다. 투자 경험이 많지 않은 투자자라면 10% 정도 수익률을 권장한다.

4원칙 : 개별 종목 최초 매수 금액은
해당 계좌 자산의 5% 이내로 정한다

분산 투자란 한 종목의 리스크에 수익률이 좌우되지 않도록 여러 종목에 자금을 분산하는 것을 의미한다. 세븐 스플릿 투자에서도 마찬가지다. 보다 안전하고 일정한 수익률을 유지하기 위해 장기투자 계좌 내에서의 투자금 배분도 일정 원칙을 만들어 지켜야 한다.

나는 개별 종목에 처음 투자하는 금액이 해당 계좌 자산의 5%를 넘기지 않는다는 것을 원칙으로 삼았다. 가령, 전체 투자금 1억 원 중 장기투자 계좌에 4,000만 원을 세팅했다면 이 계좌로 처음 매수하는 종목의 금액은 4,000만 원의 5%인 200만 원을 넘기지 않는 것이다. 즉, 1개 개별 종목에 투자할 수 있는 최대 금액은 200만 원이고, 장기투자 계좌에 담을 수 있는 종목은 최소 20개 이상이다. 이 원칙은 수익률 관리에 매우 중요한 역할을 한다. 그리고 단기투자 계좌 자산의 효율적인 집행을 위해서도 중요하다. 최초 주식 매수 비율이 크면 추가 매수에 영향을 준다는 걸 기억하자.

5원칙 : 추가 매수는 이전 계좌의 종목 투자 손실률이 3% 이상일 때만 한다

세븐 스플릿에서 이루어지는 추가 매수의 목적은 좋은 종목을 더 저렴하게 사는 데 있다. 물타기와 개념이 다르다. 가령, 1번 계좌 투자 종목이 3% 떨어져 2번 계좌 투자금으로 해당 종목을 추가 매수한다면, 이때 2번 계좌는 1번 계좌보다 3% 저렴한 가격으로 해당 종목을 매수한 것이다. 마찬가지로 주가가 더 떨어져 3번 계좌 투자금으로 추가 매수를 한다면, 3번 계좌는 1번 계좌보다 무려 6% 저렴한 가격에 주식을 매수한 것이다.

그리고 주가가 조금씩 회복할 때마다 가장 저렴하게 매수한 계좌부터 수익을 실현한다. 가령, 추가 매수한 3번 계좌 종목이 3% 상승하면 1~2번 계좌와 관계없이 수익을 실현하는 것이다. 그러면 1~2번 계좌가 아직 손해 중이더라도 3번 계좌가 만들어낸 수익 덕분에 웃을 수 있다.

쉽게 정리하면, 주가가 추가로 하락할 때마다 하위 계좌에 세팅한 투자금으로 주식을 분할매수하고, 주가가 상승할 때마다 하위 계좌부터 분할매도해 익절을 실현하는 것이다. 이때 상승폭과 하락폭은 3~5% 내외가 적당하다.

1~2번 계좌가 신경 쓰이더라도 걱정할 필요 없다. 손절하지 않으면 1~2번 계좌도 반드시 주가 반등의 기회가 찾아온다. 이는 내가 여러 번 경험한 일이다.

6원칙 : 추가 매수 투자금 규모는 최초 매수 투자금과 동일하게 한다

세븐 스플릿의 기본 원리는 장기투자 계좌와 단기투자 계좌를 나누어 운영함으로써 두 투자법의 장점을 살리고 약점을 보완하는 것이다. 장기투자 계좌에서 발생한 손해를 단기투자 계좌로 만회하기 위해 추가 매수가 이루어지는 것이기 때문에, 추가 매수 투자금의 규모는 최초 매수 투자금과 동일하게 하는 것이 좋다. 최초 주식 매수금이 200만 원이면, 추가 매수하는 2차, 3차 매수금도 각각 200만 원으로 세팅하는 것이다.

그리고 시장 변화를 주시하다가 주가가 빠르게 상승하거나 하락할 때는 설정값을 조정하는 것이 좋다. 너무 밭게 추가 매매가 이루어지면 단기투자 계좌가 장기간 묶여 수익 실현의 기회를 놓칠 수 있다. 예를 들어, 주가가 큰 폭으로 하락하는 장에서 단기투자 계좌의 투자금이 예상보다 빠르게 소진되는 상황이 발생할 수 있다. 이때는 각 차수의 하락폭을 크게 잡거나 차수별로 하락폭을 다르게 잡는 것이다. 예컨대 종목 매수 후 3% 떨어지면 추가 매수하던 설정을 5%로 일괄 변경하거나, 또는 1번 계좌에서 종목 매수 후 주가가 3% 떨어지면 2번 계좌가 추가로 매수, 2번 계좌에서 종목 매수 후 주가가 5% 떨어지면 3번 계좌가 추가로 매수하도록 하는 식이다.

그렇다고 하락폭의 차이를 너무 크게 설정하면 이 역시 수익 실현의 기회를 포착하기 어려울 수 있으니 적정한 수준을 찾는 것이 필요하다. 그래서 나는 개별 종목의 규모나 주가가 변하는 모습을 살피며 필요할 때마다 하락폭을 조절한다. 여기에 정답은 없다. 업종이나 시장 상황 또는 개별 종목을 흔드는 이슈에 따라 매수 타이밍이 달라질 수밖에 없기 때문에 상황에 맞게 조율할 것을 권한다.

투자자들이 박스권을 싫어하는 이유는 수익 실현의 기회가 좀처럼 오지 않기 때문이다. 수익률이 마이너스일 때 박스권에 주가가 갇히면 인내심을 잃기 쉽다. 그러나 세븐 스플릿 투자는 분할매수-분할매도 시스템으로 오히려 박스권이 수익을 만드는 기회로 작용한다. 10% 이상 수익을 목표로 하는 1번 장기투자 계좌 말고, 나머지 2~7번 계좌 중 어느 하나에서는 내가 주식을 팔면 가격이 내리고, 주식을 사면 가격이 오르는 마술 같은 일이 반드시 벌어진다.

7원칙 : 손절매는 하지 않는다

앞서 손절은 '손해의 확정'이기 때문에 내 사전에 손절은 없다고 했다. 특히나 세븐 스플릿에서 손절은 불필요하다. 애초에 손절하지 않기 위해 고안한 시스템이니 어쩌면 당연한 이야기다.

세븐 스플릿은 '주식'이 존재하는 한 수익이 난다. 세븐 스플릿이 가동하지 않는 상황은 상장 폐지 등으로 주식이 휴지 조각이 될 때가 유일하다. 따라서 세븐 스플릿으로 주식을 매수하면 주가가 떨어지더라도 크게 낙심하거나 놀라지 않아도 된다. 해당 기업이 망하지만 않으면 수익 구간이 반드시 발생하기 때문이다.

스플릿 투자에 적합한 기업은 '달러' 같은 기업이다. 달러는 절대 망하지 않는다. 나와 여러분이 생존해 있는 한 달러가 망할 확률은 낮다. 달러처럼 안정적이고 하방이 막혀 주가가 크게 내리지 않는 기업에 투자해야 한다. 그래서 나는 기업을 고를 때 기업의 발전 가능성보다 재무적 안정성을 더 중시한다. 망하지 않는 기업을 고르는 것이다.

나를 비롯해 세븐 스플릿으로 수익을 인증한 상당수의 블로그 이웃 및 카페 회원이 그 결과에 놀라는 중이다. 그러니까 앞으로 여러분의 투자 인생에서 손절이라는 단어는 지우자. 하락장에도 여유를 가지고 느긋하게 주가 흐름을 지켜보며 늘 이기는 투자를 하길 바란다.

꿈을 현실로 만드는 마법, 매직 스플릿

MAGIC SPLIT

인간의 욕심은 끝이 없다. 세븐 스플릿 7원칙에 따라 계좌를 일일이 7개로 나누고, 분할매수-분할매도 시점, 즉 주식을 매수해 되파는 지점을 지켜보고 있다가 수동으로 대응했다. 앉으면 눕고 싶고, 누우면 자고 싶은 게 인간 심리라더니, 일일이 대응하는 일들이 귀찮게 여겨졌다. 그러던 중 세븐 스플릿으로 수익을 내고 있는, 주식 거래 관련 프로그램을 개발하는 독자에게 연락이 왔다. 세븐 스플릿을 자동화 프로그램으로 만들자는 제안이었다. 나는 듣자마자 좋은 아이디어임을 직감했고 흔쾌히 동의했다. 이후 대략 1년간의 작업을 거쳐 대망의 '매직 스플릿'이 세상에 나왔다.

자동으로 매매하는 매직 스플릿은 수동으로 매매하는 세븐 스플릿과 전혀 다른 신세계를 보여주었다. 아직도 프로그램 개발자가 노트북을 펼쳐 보이던 순간이 생생하다. 세븐 스플릿 투자 철학이 매직 스플릿 시스템으로 구현되다니! 상상만 하던 일이 현실이 되니까 신이 났다.

매직 스플릿에 대한 걱정은 없었다. 이미 달러 투자에서 검증을 마친 터였으니 자신감이 있었다. 분명 주식 투자에서도 이 방법이 통할 거라고 믿었다. 실제로 나 말고 다른 사람들도 수익을 낼 수 있을지 내심 궁금했다. 테스트 하기 위해 내가 운영하는 블로그와 카페에 참가자를 모집했다. 무료로 베타 서비스와 사용법을 제공하고 1년간 테스트를 진행했다.

베타 서비스를 경험한 사람들의 투자 수익 결과는 놀라웠다. 여러분도 잘 알겠지만, 2023년 주식시장 주가는 엉망이었다. 몇몇 배터리 관련주를 제외하곤 크게 돋보인 종목이 없었다. 여의치 않은 시장 상황임에도 블로그와 카페에 스스로 만들어낸 수익률 공개가 이어졌다.

분할매매의 중요성을 알지만 실천하지 못하는 이유는 귀찮고 번거롭기 때문이다. 사람들은 한 번에 왕창 사서 오르기 기다렸다가 한 번에 되파는 투자에 익숙하다. 물타기 위한 비용을 빼놓고 중간에 한 번쯤 물을 타면서 말이다. 매번 익숙한 방법으로 늘 뻔한 결과를 얻었다면, 방법을 바꿀 고민을 해야 한다. 1장에서 강조한 '선을 넘는 사건'이 필요하다.

내가 시스템을 통제하는 것이 아니라
시스템이 나를 통제하도록 한다

인간의 욕심을 제어하는 데 매우 효과적인 투자법은 매매 방법을 프로그램화하는 것이다. 기계적 대응은 기계가 가장 잘 한다.

베타 서비스를 제공한 2023년 주식시장은 최저점 2,200포인트에서 최고점 2,650포인트까지 오르내리기를 반복한 변동성이 큰 시장이었다. 주가 하락이 심하거나 공포의 장이 만들어지면 그간의 주식 투자 행위로 비추어봤을 때 주식 사기가 꺼려진다. 저가 구간에서 많이 사들여야 주가가 회복할 때 큰 수익이 난다는 것을 알고 있음에도 그렇다. 초보자도 아는 투자의 기본이지만 정작 그런 장이 눈 앞에 펼쳐지면, '내일 더 떨어지는 거 아닐까?'라는 공포심이 작동해 쉽게 주식을 매수하지 못한다. 그러나 프로그램은 그런 고민을 하지 않는다. 프로그램에 세팅된 가격까지 하락하면 마구 사들인다.

나 역시도 1년 동안 테스트하면서 매직 스플릿과 다른 마음을 가졌던 순간이 있었다. 매직 스플릿이 기계적으로 주식을 매수했다. 그리고 얼마 후 주가가 반등하자 '조금만 더 기다려 볼까?'라는 생각이 들었다. 하지만 매직 스플릿은 주저하지 않고 주식을 되팔았다. 이러한 순간들이 몇 번 반복되자 내 마음대로 사고팔았을 때와 결과가 어떻게 다른지 궁금했다. 비교해본 결과 인간의 투자 심리에 기댄 투자보다 매직 스플릿의 기계적인 매매의 수익률이 월등했다. 이후 그때까지 남아 있는 줄 몰랐던 작은 욕심까지도 완전히 털어냈다.

　매직 스플릿으로 투자를 시작하고 나서 가장 좋은 점은 시간이 많아졌다는 것이다. 온종일 시세창을 들여다보고 있지 않아도 된다. 설정값을 미리 세팅해두면 프로그램이 알아서 사고판다. 장이 끝나면 하루 동안 몇 퍼센트 수익이 났는지 1분 정도 살펴보는 일로 투자가 끝이다. 이보다 쉬운 주식 투자는 내가 아는 한 세상에 없다. 시세창에서 멀어지니 스트레스도 덜 받는다.

　매직 스플릿으로 잃지 않는 투자, 스트레스받지 않는 투자를 하고 싶다면 가장 먼저 해야 할 일이 있다. 지금 읽고 있는 이 책을 잠시 내려놓고 매직 스플릿부터 설치하는 것이다. 고기도 많이 먹어본 사람이 고기 맛을 알고, 옆집 최 씨네 아들의 나이와 학교를 알아야 면장도 해먹는 법이다. 말과 글보다 스스로 직접 프로그램을 돌려 매직 스플릿의 투자 마법을 경험할 때 비로소 진가를 깨닫는다.

　　　　　　　　　　　　　　　　　　　　　　　　　매직 스플릿

세븐 스플릿과 매직 스플릿의 차이점

매직 스플릿은 정확하게 사고판다. 수동으로 대응하는 세븐 스플릿은 장이 오르내리림을 반복할 때 우리가 일일이 대응하기 힘들다는 약점이 있다. 간혹 다른 일을 보느라 사고파는 타이밍을 놓쳐 기대한 것보다 높은 수익이 만들어지는 일도 없었던 건아니다. 하지만 정확히 세팅 값을 정해두고 기계적인 대응하는 매직 스플릿이 장기적으론 더 많은 수익을 내준다.

수동으로 접근하면 한 번밖에 못 먹지만 매직 스플릿은 장이 오르고 내리기를 반복할 때마다 계속 매매함으로써 수익을 먹는 구조다. 이 부분이 둘의 가장 큰 차이점이다. 세븐 스플릿은 분할매도-분할매수를 기반으로 한 투자 철학이다. 반면에 매직스플릿은 구체적인 투자방법론이라고 이해하자.

세븐 스플릿은 계좌를 7개 개설해 일일이 분할매매로 대응한다. 매직 스플릿은 한 계좌에서 자동으로 분할매매 대응이 가능하다. 투자자가 한 계좌에서 차수를 원하는만큼 나눌 수 있다.

좋은 기업을 찾는 현실적인 방법

MAGIC SPLIT

이제 분할매매가 바이앤홀드 전략보다 훨씬 수익률이 높다는 것에 모두 동의할 것이다. 내가 운영하는 블로그와 카페에는 매직 스플릿으로 주식 투자를 하는 여러 독자의 생생한 후기가 매일 업데이트된다. 누가 시키지 않아도 회원들 스스로 그날 하루 번 수익을 공유하고, 응원하며 서로 용기를 주고받는다. 이게 정말 중요하다. 수익도 중요하지만, 수익을 낸 경험을 공유하는 일 또한 그에 못지않게 중요하다. 수익 경험을 다른 사람과 공유하는 행위를 통해 주식 투자로 수익을 낼 수 있다는 자신감과 지금 내가 하고 있는 방법이 옳다는 확신, 그리고 투자를 계속해나갈 수 있는 힘을 얻을 수 있다. 매직 스플릿을 만든 목적을 어느 정도 달성한 것 같아 회원들의 후기를 볼 때마다 '이 일을 시작하길 잘했구나' 싶다.

우리는 이제 주식으로 어떻게 수익을 내는지 알게 되었다. 다음은 어디에 투자할 것인지 고민할 차례다. 앞서 '망하지 않는 기업'에 투자하라고 했지만 그럼에도 더 좋은 기업에 투자하고 싶은 것이 사람 마음이다. 좋은 기업을 고르는 기준은 생각보다 단순하다. 돈 잘 벌고 매출 영업이익이 꾸준히 증가하는 회사다. 조금 더 구체적으로 설명하면 빚이 적고 현금이 많으며 유동비율과 유보율이 좋은 회사다. 여기에 배당도 잘하는 곳이면 더 좋다. 고배당을 말하는 건 아니다. 배당수익률이 꾸준히 증가하는 기업이 망하지 않을 가능성이 높기 때문이다. 이런 종목을 매수해 매직 스플릿으로 돌리면 투자 손실이 크게 낮아진다. 그런데 너무 이론적이다. 그렇지 않은가?

솔직히 종목 고르기는 나 역시 취약한 부분이다. 내 입맛에 꼭 맞는 기업을 찾는 능력, 나아가 확신할 수 있는 종목을 고르는 능력이 부족함을 항상 느낀다. 기업의 내재가치를 분석하고 평가하는 일은 어느 정도 가능한 일이다. 왜냐하면 분석 자료 대부분이 과거의 자료와 성과를 바탕으로 하기 때문인데, 검색으로 찾아볼 수 있는 자료를 틈틈이 들여다보고 비교, 분석하면 얼추 감이 온다. 그러나 주가는 과거 행적보다 미래 비전과 꿈을 먹고 자란다. 과거 자료로 기업이 지나온 길을 추적하고 주가 흐름을 파악해 이 기업의 주가가 어느 방향으로 갈지 참고할 수는 있어도 이것이 수익이 나는 데 결정적인 도움을 주진 않는다. 아직 가보지 않은 미래에 어떤 일이 벌어질지는 누구도 알 수 없다. 한 기업의 미래 성장 가능성을 가늠하고 예측한다는 건 사실 주관적인 판단이 개입되는 일이다.

그럼에도 불구하고 투자를 하려면 기업과 종목을 고르긴 해야 한다. 어떤 방법을 조언할지 고민스럽다. 여기서는 기본적 분석이나 기술적 분석과 관련한 상세한 이야기는 생략한다. 서점에 가보면 해당 분야의 정보를 제공하는 책들이 넘친다. 제법 알려진 출판사에서 발행한 관련 베스트셀러를 하나 골라 공부하면 될 듯하다. 특히 기본적 분석의 경우 나의 전작 『세븐 스플릿』에도 상세히 다룬 바 있다. 그 책을 참고해도 도움이 될 것이다.

이것저것 따져보기 어렵다면 이것만 해라

여기서는 내가 기업을 고를 때 반드시 확인하는 것들을 위주로 소개하고자 한다. 공부할 게 너무 많아 시작하기도 전에 포기하고 싶다면 이것만이라도 확실하게 익히자. 우선 증권사 HTS(Home trading system)에서 조건 검색 메뉴를 활용하는 일이다. 손가락으로 클릭 몇 번만 하면 저PER·저PBR 상위 20개 종목이 눈 앞에 펼쳐진다. 투자자 스스로 조건 검색을 넣어 필터링하면 기준에 부합한 기업 목록을 찾아낼 수 있다. 예컨대 검색 조건을 '시총 5조 원 이상, 부채비율 150% 이하. 영업이익률 7% 이상,

PER 15배 이하'로 설정하고 클릭하면 '저평가된 대형 우량주 기업'이 나온다. 검색된 자료는 최근 결산 기준인데, 원한다면 과거 몇 분기 이전의 자료까지 자세히 살펴볼 수 있다.

조건 검색어를 설정할 때 투자자 성향에 따라 '시총 10조 원 이상, 영업이익률 10% 이상' 등으로 조건을 바꿔도 좋다. 조건을 더 강화해 투자에 적합한 대상 기업을 찾는 것이다. 지금 말한 내용은 사실 기본적 분석에 속한다. 참고로 HTS의 조건 검색은 범위 지정, 시세 분석, 기술적 분석, 재무 분석, 순위 분석 등으로 구분된다. 이 조건들 중에는 재무 분석처럼 가치투자를 함에 있어 필수적인 요소도 있지만 차트를 기본으로 하는 기술적 분석이나 패턴 분석처럼 장기적인 가치투자와 조금 거리가 있는 요소들도 있다. 나는 기본적 분석, 즉 그 회사의 재무적 성과에 대한 데이터만 활용하겠다고 기준을 잡았기 때문에 애초에 기술적 분석 데이터들은 내가 투자해야 하는 회사의 조건으로 염두에 두지 않았다(주가 이동평균선, 그물망 차트, 이격도, 삼선전환도, 롱바디, 그레이브 스톤 도지 등 무슨 소리인지 알 수 없는 어려운 데이터들은 다행히도 내가 철저히 무시하기로 한 기술적 분석으로 산출된 데이터들이다).

대신 나는 투자할 회사를 고를 때 거래소를 살펴본다. 코스피와 코스닥 중에서 아무래도 코스피 상장 기업을 투자 대상으로 삼는 편이다. 왜냐하면 안전하고 안정적인 투자를 지향하기 때문이다. 개별기업의 주가는 시장 주가지수 흐름과 반대로 움직이기 어렵다는 걸 경험으로 잘 안다. 물론 공격적인 기술주에 관심이 간다면 코스피, 코스닥 구분이 무의미하겠지만, 되도록 잃지 않는 안정적인 투자처는 거래소에 상장된 기업으로 한정하는 것이 아무래도 낫다고 본다. 그 밖에도 기업을 고를 땐 기업의 자본금이 얼마인지, 자본금을 늘리거나 줄이려고 '증자'나 '감자' 이벤트를 실행했는지, 시가총액과 거래량이 얼마나 되는지, 또 기업의 가치를 판단하는 데 유익한 증거금률과 부채 및 유동비율은 어떠한지 꼼꼼하게 살펴보는 편이다.

당연히 초보 투자자가 위에서 말한 자료를 모두 검색해 살피는 일은 버거울 수 있다. 낯설고 복잡해 보여도 하나씩 따져가면서 스스로 투자 대상 기업의 기준을 만들고, 기준에 맞는 기업을 추려가길 권한다. 처음이 어려울 뿐 반복해서 들여다보면 눈에 익고 점점 익숙해진다. 돈을 불리고 잃지 않는 투자를 하는 데 이 정도 공부는 감수해야 한다.

다음은 내가 나름대로 정리한 체크리스트다. 전작에서도 소개했는데, 중요하다고 생각해 이 책에서도 공유한다. 일명 '잃지 않는 안전한 주식 체크리스크'다. 다만 이는 참고용일 뿐 절대불변의 완벽한 기준이 아니라는 점을 미리 밝힌다. 투자자 성향과 투자금, 그리고 시장 상황에 따라 대응을 달리할 필요가 분명히 있을 테고, 또 그에 따라 조건이 달라질 수 있다는 점도 염두에 두자.

잃지 않는 안전한 주식 체크리스트[2]

		삼성전자 (2023년 11월 기준)	권장 수준(예시)	체크
	현재 주가	72,500원	N/A	
	거래소 구분	코스피	N/A	
1	시가총액	432조 8,092억 원	3,000억 원 이상	√
2	증거금률	20%	40% 이하	√
3	52주 최저가 (52주 최저가 대비율)	54,500(15%)	최저가 대비율 10% 이하	
4	52주 최고가 (52주 최고가 대비율)	73,600원(2%)	최고가 대비율 30% 이상	
5	PER(업종 PER)	15.41(21.16)	5 이하	
6	PBR	1.40	2 이하	√
7	PSR	1.24	5 이하	√
8	PCR	6.04	10 이하	√
9	PEG	0.24	1 이하	√
10	ROE	17.07%	5% 이상	√
11	ROA	12.72%	3% 이상	√
12	영업이익률	14.35%	5% 이상	√
13	순이익률	18.41%	3% 이상	√
14	매출액 증가율	8.1%	1% 이상	√
15	순이익 증가율	39.5%	1% 이상	√

---

2   『세븐 스플릿』(액티브, 2024년) 201~202쪽.

16	부채비율	26.41%	100% 이하	√
17	유동비율	278.86%	200% 이상	√
18	유보율	38,144.29%	200% 이상	√
19	현금 배당 수익률	1.99%	3% 이상	
20	외국인 지분율(소진율)	53.42%	30% 이상	√
21	사업보고서 확인	○		√
권장 수준 15개 초과		잃지 않을 확률 90% 이상		
권장 수준 12~15개		잃지 않을 확률 70% 이상		
권장 수준 9~11개		잃지 않을 확률 50% 이상		
권장 수준 5~8개		잃지 않을 확률 30% 이상		
권장 수준 5개 미만		투자 부적합		

현명한 가치투자자의
퀀트 투자

MAGIC SPLIT

퀀트 투자는 과거 여러 데이터를 수학적 모델과 통계적 기법을 활용해 기업 가치를 판단할 수 있는 정량적 자료로 산출하고 이를 기준으로 투자 결정을 내리는 투자법이다. 인간의 주관적 생각이나 이성을 철저히 배제하고 상대적으로 객관성이 높은 수치를 도출하는 작업이 뒤따른다. 주식에서 기본적 분석이라고 불리는 '낮은 PER[3]', '낮은 PBR[4]'. '높은

---

3   주가수익비율. 주가를 1주당 순이익으로 나눈 비율로, 현재 주가가 1주당 수익의 몇 배가 되는지 나타내는 지표다.

ROE[5]', '높은 ROA[6]' 등이 그것이다.

　주가나 재무제표 등의 데이터에서 조건을 이리저리 바꾸어가며 원하는 기본적 분석 자료를 도출하고 이를 토대로 기업의 미래 가치를 추정해 투자하는 것이 퀀트 투자의 기본 개념이라 하겠다.

결과 도출 과정

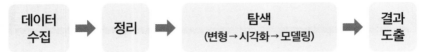

　퀀트의 아버지라 불리는 에드워드 소프(Edward O. Thorp)는 카지노에서 도박으로 큰돈을 벌었던 특이한 이력을 지니고 있다. 그는 블랙잭을 분석한 자료를 컴퓨터로 처리한 후 마침내 딜러를 이길 수 있는 방법을 찾아냈고, 이 연구 결과를 미국 수학 협회에 기고하기도 했다. 그리고 라스베이거스 카지노에서 그의 이론이 옳다는 것을 입증함과 동시에 큰돈을 벌게 되었다.

　그의 이론 덕분에 큰돈을 잃게 될 위기에 처한 카지노는 이론의 핵심인 카드 카운팅을 원천적으로 막아낼 방법을 강구했고, 에드워드 소프는 더 이상 블랙잭을 통해 돈을 버는 것이 불가능해졌다. 그 이후, 그가 눈을 돌

4　주가순자산비율. 주가를 주당순자산가치로 나눈 비율로, 현재 주가가 1주당 순자산의 몇 배가 되는지 나타내는 지표다.
5　자기자본이익률. 기업이 자기자본을 사용해 한 해 동안 어느 정도의 이익을 만들었는지 나타내는 지표다.
6　총자산순이익률. 기업의 당기순이익을 자산 총액으로 나눈 비율로, 기업이 자산을 얼마나 효율적으로 운용했는지 나타내는 지표다.

린 곳은 주식 시장이었다.

도박을 통해 주식 투자에 눈을 뜨게 된 경험을 가진 나로서는 에드워드 소프의 일대기에 흥미를 느낄 수밖에 없었고, 그가 도박을 그만두고 '최초의 퀀트'로서 주식 투자에 성공했다는 얘기를 들었을 때는 나의 도박 경험이 주식 투자로 이어진 것이 단순한 우연이 아니었다는 생각을 했다.

에드워드 소프는 1968년 워런 버핏을 만났던 것이 큰 행운이었다고 말하며, 포트폴리오의 100%를 버크셔 해서웨이에 투자했다. 에드워드 소프는 나에게 주식 투자의 분석 방법을 제시함과 동시에 워런 버핏의 투자철학이 퀀트의 개념과 잘 어울린다는 것을 알게 해주었다.

기본적 분석 도구로서의 퀀트 투자

유명한 농구 만화 『슬램덩크』에서 주인공 강백호가 외친 유명한 대사가 있다. "왼손은 거들 뿐." 이 말은 결국 골을 넣는 것은 오른손이라는 뜻이다. 언뜻 보면 두 손으로 공을 던지는 것이 더 정확할 것 같지만 두 손의 균형을 정확히 맞추는 것이 어렵기 때문에 오른손만으로 공의 방향과 힘을 집중하고 왼손은 말 그대로 '돕는 역할'만 해야 좋은 골을 만들어낼 수 있다는 맥락에서 나온 말이다.

내가 생각하는 퀀트 투자 역시 '돕는 역할'로서 꼭 필요한 기술이다. 하지만 절대로 그것이 오른손의 역할을 대신하면 안 된다고 생각한다. 퀀트 투자는 기본적 분석과 기술적 분석 두 가지의 데이터 모두 도출할 수 있지만, 내가 지향하는 퀀트 투자의 개념은 기업의 가치를 보여주는 기본적 분석 지표들을 대상으로 한다. 기술적 분석의 대표적인 지표라 할 수 있는 차트 분석은 과거 주가의 움직임을 보면서 앞으로 주가가 어떻게 움직일 것인지 예측하는 것이다. 이는 가치투자를 위한 기본적 분석과 아무런 관계가 없다. 가치투자를 전제로 하는 투자 철학이 없다면 퀀트 투자는 물론 그 어떤 주식 평가 지표도 쓸모없는 숫자일 뿐이다(앞서 투자할 기업을 찾을 때 기술적 분석을 배제하고 기본적 분석만 활용한다고 밝힌 것도 이와 같은 맥락에서다).

『주식시장을 이기는 작은 책[7]』의 저자 조엘 그린블라트(Joel Greenblatt) 역시 기본적 분석을 기반으로 한 퀀트 투자로 큰 수익을 얻었다. 그는 자신이 '마법의 공식'이라고 이름 붙인 투자법으로 20년간(1985~2005) 연평균 40%의 수익률을 만들어냈다. 거기에 복리까지 더해 총 83,600% 수익률을 만들었다니 놀라울 따름이다.

그린블라트는 단 두 가지의 지표만을 가지고 종목을 판단했다. 첫째가 높은 ROC[8], 둘째가 낮은 EV/EBIT[9]다. 이 기준에 부합한 기업 20개를 골라 분산 투자한 것이다. 여기서 핵심은 수많은 데이터 중 단 두 가지 조건만 참고해서 투자해도 어마어마한 수익이 난다는 것이다.

---

7 'The Little Book that Beats the Market'이 원제다. 이 책에서 시장이 좋든 나쁘든 관계없이 꾸준하게 수익을 만들어준다는 '마법의 공식'을 소개했다. 2006년 국내에 초판이 소개되었고, 현재 개정판이 있다. 퀀트 투자의 고전이라고 평가받는다.
8 자본이익률. 총투입자본 대비 세전영업이익(EBIT)을 나타내는 지표다.
9 기업가치(EV)를 세전영업이익(EBIT)으로 나눈 값이다.

매직 스플릿과 퀀터스의 만남

멀리 살펴볼 것 없이 우리나라에도 퀀트 투자로 유명한 인물이 있다. 국내 퀀트 투자의 선구자로 불리는 강환국[10] 작가다. 그는 퀀트 투자 메커니즘을 적용한 퀀터스(Quantus) 서비스를 운용한다. 1년간의 베타 서비스를 거친 후 2023년 1월 정식 서비스를 시작했다.

우연한 기회에 강환국 작가와 만나 자연스럽게 공통 관심사인 투자 이야기를 나누게 되었다. 우리는 매직 스플릿과 퀀터스의 컬래버레이션이 투자자의 수익을 극대화하는 데 큰 도움이 된다는 걸 직감했다. 서로가 원하는 게 무엇이고 어떤 방법이 서로에게 도움을 줄지 많은 대화를 나누었

퀀터스와 매직 스플릿 파트너십

---

10 2024년 5월 기준, 구독자 35만 명을 보유한 유튜브 채널 '할 수 있다! 알고 투자'를 운영 중이고 『퀀트 투자 무작정 따라하기』(길벗, 2022년), 『거인의 포트폴리오』(페이지2북스, 2021년) 등의 베스트셀러를 쓴 국내 퀀트 투자 전문가다.

다. 그리고 서로 협력하기로 합의했다.

매직 스플릿 프로그램이 주식을 사고팔 때 기계적 대응으로 일관해 투자자의 감정이 개입하지 못하도록 하듯, 퀀트 투자 또한 주식을 고를 때 정량적 데이터로 도움을 주기 때문에 나약하고 때때로 탐욕스러운 인간의 감정에서 벗어난 투자가 가능하도록 이끈다. 이 부분이 둘의 가장 큰 장점이자 공통점이라 할 수 있다.

덕분에 초보 투자자도 어렵지 않게 수익을 만들 수 있다. 초보 투자자가 기업을 고를 때 가장 많이 하는 실수가 '그렇다더라~'는 뉴스나 발도 없이 빠르게 시장에 나도는 '증권가 찌라시', 그리고 '이건 꼭 오른다~'고 애써 강조하는 주변 지인의 종목 추천에 마음을 더 쉽게 연다는 것이다. 당연히 그런 식의 투자가 신통한 결과를 만들 리 없다. 이런 정보는 숫자로 계량할 수 없다. 단지 인간 투자 심리를 자극하는 '아무 말 대잔치'에 가깝다. 감에 의존해 투자하던 사람들도 실패를 몇 번 경험하고 나면 결국 정량적으로 가늠할 수 있는 통계 자료를 바탕으로 한 투자에 관심을 갖게 된다.

매직 스플릿

매수와 매도 기준점 잡기

MAGIC SPLIT

퀀트 투자의 장점이자 백미는 백테스팅이다. 백테스팅은 과거 시장의 데이터를 바탕으로 현재 나의 매매 전략이 얼마나 유효한지 판단하기 위해 시뮬레이션해보는 것이다. 기본적 분석으로 간추린 20개 종목을 하나하나 테스트할 수 있다. ROE가 높고 PBR이 낮아 내재가치가 좋아 보여도 향후 실제 주가가 우상향할지 내려갈지는 신도 모른다. 그러나 20개 종목을 5년 전에 투자했을 경우 현재 수익률이 어느 정도일지는 알 수 있다. 이 작업은 방대하고 복잡한 일이지만 퀀터스 프로그램은 그 작업을 수월

하게 해준다.

돈 벌 기회를 제공하는 기업은 의외로 눈에 잘 안 띈다. 2,000개가 넘는 상장사 중에는 겉만 번지르르한 회사도 많고 미래 성장 동력을 기대하기 힘든 기업, 현재 상장되어 거래 중이지만 머잖아 문 닫을 기업도 모두 함께 섞여 있다. 따라서 쓸모없는 돌을 거르고 돈이 될 옥석을 취하는 작업이 절대적으로 필요하다.

퀀트 투자에서도 중요한 건 전략적 접근이다. 우리가 원하는 결과를 얻으려면 수많은 데이터 중 어떤 것을 참고할지 취사선택해야 한다. 백테스팅 작업을 거치면 투자자 스스로 전도유망한 기업을 충분히 찾아낼 수 있다.

길게 설명하는 것보다 한 번 보는 게 이해가 빠르다. 우선 퀀트 투자 서비스를 제공하는 퀀터스 사이트(quantus.kr)에 접속하자.

퀀터스 홈페이지 화면

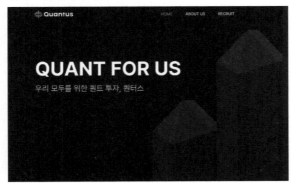

매직 스플릿

첫 화면에서 스크롤을 아래로 내리면 퀸터스 웹, 퀸터스 애플리케이션 두 가지 선택 항목이 있다. 책에서는 퀸터스 웹 사용을 기준으로 한다. 퀸터스 웹을 클릭하면 아래와 같은 화면이 나온다.

퀸터스 웹화면

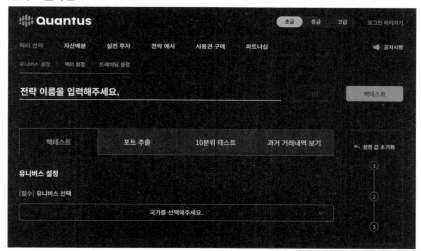

상단에서 '전략 예시' 탭을 클릭하면 퀸터스가 제공하는 전략들이 나온다. 특정 기준으로 미리 세팅해놓은 전략들로 이 중에서 원하는 것을 선택할 수 있다.

초급용 전략은 '무작정 따라하기-성장가치', '무작정 따라하기-성장가치(소형주)', '무작정 따라하기-성장가치(소형주, 미국)', '신마법공식' 네 가지다. 마음에 드는 전략을 선택하면 전략 값이 세팅되며 '팩터 전략' 탭으

전략 예시

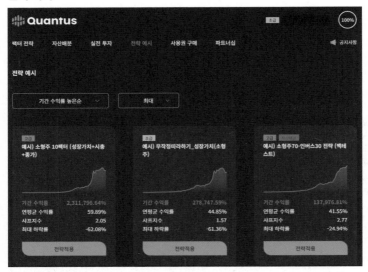

팩터 전략

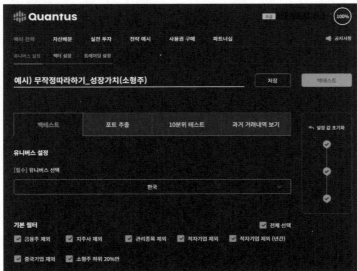

매직 스플릿

로 화면이 전환된다.

이제 원하는 데이터값을 적용할 차례다. '유니버스 설정', '팩터 설정', '트레이딩 설정' 단계에 따라 원하는 조건을 설정한 다음 '백테스트' 버튼을 누르면 결괏값이 나온다.

참고로 퀀터스 백테스팅 대상은 국내 주식뿐 아니라 미국 주식도 가능하다. 여느 백테스팅 사이트와 비교할 때 벡테스팅 기간이 길어 최대 20년 전 데이터까지 살펴볼 수 있다는 점도 퀀터스의 장점이라 하겠다.

또 개별 종목의 과거 데이터를 백테스팅함으로써 바이앤홀드 전략으로 투자했을 때의 결과와 매직 스플릿으로 투자했을 때의 결과도 비교할 수 있다.

가령, '동서'에 약 3년간(2021년 7월~2024년 5월) 바이앤홀드와 매직 스플릿으로 각각 투자를 한다고 해보자. 어떤 결과가 나올까?

주요 성과 지표 결과에서 눈여겨봐야 할 내용은 연평균 수익률(CAGR, Compound Annual Growth Rate), 누적 수익률(cumulative return), 최대 낙폭 비율(MDD, Max DrawDown)이다. 만약 동서에 1,000만 원을 투자해 바이앤홀드 전략으로 가지고 있었다면 현재 350만 원이 넘는 손해를 보고 있을 것이다.

반면 매직 스플릿(매수 기준 3%, 매도 기준 5%, 최대 매수 3차)으로 분할매수-매도를 반복했다면 120만 원 정도의 수익을 얻었을 것이다. 투자 기간 중 겪는 가장 큰 하락 폭도 −3.7%인 반면, 바이앤홀드 전략으로 일관했다면 −58.07%라는 공포를 경험했을 것이다. 참고로 백테스팅 관련 필수 용어

를 알아두면 데이터를 파악하고 활용하는 데 도움이 될 것이다(119쪽 팁박
스 참고).

동서 백테스팅 결과

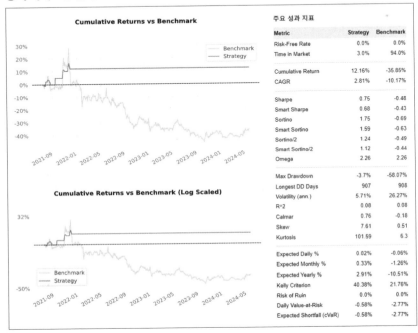

Cumulative Returns vs Benchmark

Cumulative Returns vs Benchmark (Log Scaled)

주요 성과 지표

Metric	Strategy	Benchmark
Risk-Free Rate	0.0%	0.0%
Time in Market	3.0%	94.0%
Cumulative Return	12.16%	-35.85%
CAGR	2.81%	-10.17%
Sharpe	0.75	-0.48
Smart Sharpe	0.68	-0.43
Sortino	1.75	-0.69
Smart Sortino	1.59	-0.63
Sortino/2	1.24	-0.49
Smart Sortino/2	1.12	-0.44
Omega	2.26	2.26
Max Drawdown	-3.7%	-58.07%
Longest DD Days	907	908
Volatility (ann.)	5.71%	26.27%
R^2	0.08	0.08
Calmar	0.76	-0.18
Skew	7.61	0.51
Kurtosis	101.59	6.3
Expected Daily %	0.02%	-0.06%
Expected Monthly %	0.33%	-1.26%
Expected Yearly %	2.91%	-10.51%
Kelly Criterion	40.38%	21.76%
Risk of Ruin	0.0%	0.0%
Daily Value-at-Risk	-0.58%	-2.77%
Expected Shortfall (cVaR)	-0.58%	-2.77%

백테스팅 자료는 매수-매도 가격을 정할 때도 도움이 된다. 어떤 주식
의 주가가 5% 하락 시 매수, 3% 상승 시 매도로 7차수까지 세팅하는 것이
좋을지, 아니면 2% 하락 시 매수, 1% 상승 시 매도로 10차수까지 세팅하
는 것이 좋을지 시뮬레이션을 돌려봄으로써 알 수 있다.

'제일기획'의 경우 매수 기준 3%, 매도 기준 4%, 최대 매수 4차로 분할

매매 가장 성적이 좋았다(2021년 7월~2024년 5월, 연평균 수익률 2.76%, 누적 수익률 11.95%, 최대 낙폭 비율 -6.42%). 물론 독자의 이해를 돕기 위한 사례이니 절대적인 데이터로 여기지 말고 참고만 하기 바란다.

제일기획 백테스팅 결과

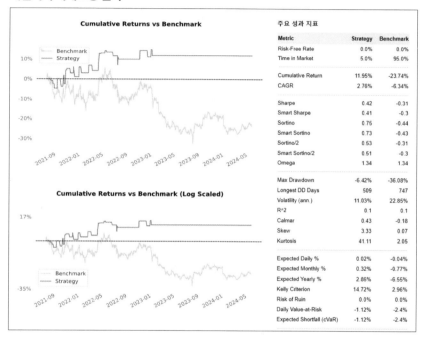

Metric	Strategy	Benchmark
Risk-Free Rate	0.0%	0.0%
Time in Market	5.0%	95.0%
Cumulative Return	11.95%	-23.74%
CAGR	2.76%	-6.34%
Sharpe	0.42	-0.31
Smart Sharpe	0.41	-0.3
Sortino	0.75	-0.44
Smart Sortino	0.73	-0.43
Sortino/2	0.53	-0.31
Smart Sortino/2	0.51	-0.3
Omega	1.34	1.34
Max Drawdown	-6.42%	-36.08%
Longest DD Days	509	747
Volatility (ann.)	11.03%	22.85%
R^2	0.1	0.1
Calmar	0.43	-0.18
Skew	3.33	0.07
Kurtosis	41.11	2.05
Expected Daily %	0.02%	-0.04%
Expected Monthly %	0.32%	-0.77%
Expected Yearly %	2.86%	-6.55%
Kelly Criterion	14.72%	2.96%
Risk of Ruin	0.0%	0.0%
Daily Value-at-Risk	-1.12%	-2.4%
Expected Shortfall (cVaR)	-1.12%	-2.4%

마지막으로 퀀트의 핵심은 종목 선정에 있다. 예컨대 ROE 20% 이상, PBR 2 이하 등의 조건을 넣고 검색하면 해당 기준에 부합하는 종목을 100위까지 찾을 수 있다. 그중 현재 돌아가는 시장 분위기, 주요 경제 이

슈에 들어맞는 기업 20개 정도로 간추려 투자하는 것이 퀀트 투자의 기본이다.

과거에는 달러 투자처럼 망하지 않을 기업을 골라 지레짐작으로 대충 5% 하락할 때마다 사면 된다고 생각했지만, 이제는 퀀터스를 활용해 높은 수익률이 기대되는 종목을 스스로 찾아볼 수 있다. 심지어 이를 적극적으로 활용하면 조건에 따라 어떤 섹터의 주가 변동이 어떤 바운더리에서 움직이는지, 또 변동성이 큰 주가에서 어떤 조건 값이 투자자에게 유리할지 알 수 있다. 이 말은 조건 값을 획일적으로 결정해서 매기는 것이 아니라 섹터별로 달리 적용할 수 있다는 이야기다.

매매를 시스템에 맡기지 않으면 감정이 개입될 여지가 생긴다. 주가가 오르든 내리든 자신이 정한 기준에 이르면 망설이지 말고 팔거나 사면 좋은데, 매매 버튼을 누르기 전 오만가지 생각에 빠진다. '더 기다릴까?', '물을 탈까?', '손절이 답일까?' 등등. 시시각각 움직이는 주가보다 판단이 더 빨라야 하거늘, 우리는 항상 주가 움직임보다 한발 늦게 대응하는 데 익숙하다. 100% 정답이 될 순 없겠지만, 퀀트로 종목을 고른 후 퀀터스로 설정 값을 확인하고 매직 스플릿으로 투자한다면 잃지 않는 안전한 투자의 가능성이 크게 높아질 것이다.

퀀트 백테스팅 결과에 담긴 필수 용어 정리

- **Time in Market**: 백테스팅 기간 중 실제 투자했던 시간의 비율.
- **Cumulative Return**: 누적 수익률. 백테스팅 기간 중 투자했을 경우 원금 대비 얼마의 수익률을 거두었는지 알려준다.
- **CAGR**: 연평균 수익률. CAGR이 높을수록 좋다.
- **Sharpe**: 샤프 지수. 투자 대상의 변동성 대비 초과수익의 정도를 말한다. 분자인 수익률이 커질수록, 분모인 표준편차가 작을수록(변동성이 작을수록) 샤프 지수가 높다. 이는 성과가 좋다는 뜻이다.
- **Sortino**: 소르티노 지수. 샤프 지수를 보완한 개념이다. 샤프 지수에서 나타난 변동성이 무조건 부정적이라기보다 주가 상승으로 변동할 수도 있다는 걸 참고한다. 따라서 소르티노 지수는 투자 대상의 나쁜 변동성 대비 초과수익의 정도를 알려준다. 수치가 높으면 투자성과가 좋다는 뜻이다.
- **Max Drawdown(MDD)**: 주가 고점 대비 최대 낙폭 비율. MDD가 높으면 고점 대비 하락이 크다는 의미다. 최악의 경우 그 지점까지 하락할 수 있다는 의미이기에 심리적 저항선 역할을 한다.
- **Y(ann.)**: 최근 수익률. 최근 1년, 3년, 5년, 10년의 수익률이다.
- **Best/Worst Month**: 최고/최악의 달. 백테스팅 세팅 기간 중 최고와 최악의 수익률을 기록한 달이다. 심리적 저항선 역할을 한다.
- **EOY Returns vs Benchmark**: 벤치마크(시장 평균 혹은 특정 지수) 대비 비교. 퀀트 투자를 하는 이유는 벤치마크 대비 높은 수익률을 기록하기 위해서다. 벤치마크보다 낮은 수익률을 기록한 연도와 연간 수익률에 마이너스를 기록한 연도가 있는지 확인한다.

주식 투자로 큰돈 버는 가장 확실한 방법

MAGIC SPLIT

 솔직히 나는 퀀트 투자를 잘 모르지만 원하는 기업을 찾는 조건 검색은 잘 한다. 내 기준으로 최선은 향후 전도유망한 기업을 찾는 것이고 차선은 절대 망하지 않을 기업을 찾는 것이다. 최선이 아니라면 차선이라도 확보해야 한다(투자금을 잃지 않으려면 말이다). 이 기준에 맞는 기업을 찾기 위해 정량적 데이터로 필터링을 하면 뻔한 회사가 나온다. 삼성전자, 현대차 등이다.

이러한 결과를 아쉬워하는 투자자들도 있다. 현대차는 우리나라를 대표하는 견실한 기업이지만 주가 변동 폭이 작아 크게 먹을 것이 없다고 생각하는 것이다. 배당률이 좋은 은행주도 마찬가지다. 견실하지만 답답한 움직임을 보이는 기업 대신 앞으로 주가가 큰 폭으로 상승할 숨겨진 보석 같은 기업을 찾아 헤맨다.

이제 그러지 않아도 된다. 매직 스플릿 투자에서는 오히려 이런 종목(심지어 배당도 좋은 기업)의 수익률이 가장 높다. 주가가 횡보하며 상방과 하방이 어느 정도 막힌 박스권 주식이 오르면 사고 내리면 팔고를 반복하기에 적당하기 때문이다. 안정성을 가장 중요하게 생각하는 나도 현대차 주식으로 많은 돈을 벌었다.

매직 스플릿과 퀀트의 조합은 개인이 시도할 수 있는 세계 최초의 투자법이라고 생각한다. 외국에서는 헤지펀드 회사가 이 방법을 도입해 투자에 활용하는 것으로 알려져 있다. 그러나 우리나라에서 그것도 개인이 이런 투자를 할 수 있는 건 매직 스플릿과 퀀트의 조합이 유일하다. 큰 고민이나 스트레스 없이 퀀트로 종목을 찾고 매직 스플릿으로 투자하는 꿈의 투자가 가능하다. 다시 말하지만 퀀트의 백테스트 시뮬레이션 작업은 과거 몇 년간의 주가 데이터를 기준으로 어떤 주식을 어떻게 투자했을 때 어떤 결과가 나올지 유추하는 데 도움이 된다. 백테스팅을 실시한 기업의 고수익 구간 적정 매매 타이밍을 예측할 수 있고, 이 데이터를 매직 스플릿에 세팅해 투자할 수 있다.

물론 아직 더 많은 투자자의 실제 검증이 필요한 단계라고 생각한다. 프로그램을 써본 분들의 실제 후기와 이런저런 부분에서 보완이 필요하다는 피드백을 반영해 더욱 고도화된 투자 시스템을 만들어가는 중이다. 세상에 완벽한 시스템은 존재하지 않는다. 어떤 시스템이든 보완하고 수정할 내용이 항상 드러나게 마련이다. 그렇지만 '매직 스플릿과 퀀트의 조합은 개인이 주식 투자로 수익을 내는 데 획기적으로 도움이 된다'라는 점만은 절대 변하지 않을 것이다.

매직 스플릿, 비트코인 투자도 가능할까?

매직 스플릿으로 비트코인에 투자하는 사람들도 있다. 개인적으로 매직 스플릿 프로그램과 비트코인의 투자 궁합은 확인할 시간이 필요하다고 생각한다. 얼마 전까지만 해도 비트코인은 자산의 성격을 갖기 힘들다고 생각했다. 지금은 이 생각에 변화가 생겨 현재 우리 연구팀이 '코인 스플릿' 프로그램을 개발 중이다. 변동성이 커 위험도가 높은 비트코인 투자에 매직 스플릿이 얼마나 도움이 될지 나 역시 궁금하다.

나는 새로운 연장을 개발해 제공했을 뿐 그 연장을 어디에 사용할지는 오롯이 사용자의 몫이다. 다만 나도 시험 삼아 매직 스플릿 프로그램으로 비트코인 투자를 해볼 참이다. 그리고 투자 결과를 공유할 계획도 있다. 절대 잃지 않는 투자를 지향하는 나로서는 솔직히 비트코인 투자에 더 신중할 수밖에 없다. 삼성전자에 투자하면 절대 잃지 않을 거란 믿음이 있지만 비트코인은 이야기가 좀 다르다. 어쨌든 현재 개발 중인 '코인 스플릿' 프로그램이 완성되면 다시 여러분과 나눌 이야기도 생길 것 같다.

이와 별개로 비트코인과 관련해 시중에 떠도는 가십 하나를 소개한다. 많은 돈이 비트코인에 쏠릴 때 미국 금융 당국이 부정적인 한마디를 던지면, 그 돈이 모두 한꺼번에 사라질 수도 있다는 이야기다. 정말 그런 상황이 되면 달러 가치가 폭등할 것이다. 달러 가치를 높이려고 그런 정책을 쓸 수 있다는 음모론이다.

실거래 사례로 본 매직 스플릿의 위력

매직 스플릿과 연동된 키움증권에서는 '자동매매일지(화면번호 0606)'를 제공한다. 차트에 내가 매매한 지점을 정확히 찍어주니까 실제 거래한 내역을 복기하는 데 유용하다. 이 기능을 이용해 매직 스플릿으로 투자한 종목들의 실거래 사례를 살펴보자. 화면에서보이는 B 포인트는 매수, S 포인트는 매도다(B=BUY, S=SELL).

① 횡보하는 종목

주식을 산 후 장기 보유했다면 아무 일도 일어나지 않았을 것이다. 그러나 매직 스플릿에 맡기면 변동성을 활용해 끊임없이 수익을 안겨준다.

키움증권 자동매매일지로 본 매직 스플릿 실거래 내역

매직 스플릿 매매 내역 창에서 확인한 실현 수익

동서		기업개요	20,000	+7.35%	✕

전체보기	진행매매	Ⓐ 매매설정	메모

매입금액	**16,843,690**	손익액	476,119
평가금액	**17,356,170**	수익률	+2.83%

차수	날짜	수량	단가	구분	손익	수익률
1차	**2022.11.04**	**48**	**20,600**	**매수**	**-30,808**	**-3.12**
2차	2023.01.02	51	19,600	매수		
2차	2023.01.25	51	20,350	매도	35,885	3.59
3차	2023.01.04	53	18,600	매수		
3차	2023.01.09	53	19,250	매도	32,120	3.26
2차	2023.03.07	52	19,190	매수		
2차	2023.05.08	52	20,100	매도	44,940	4.50
2차	2023.06.16	50	19,610	매수		
2차	2024.06.10	50	20,250	매도	29,888	3.05
3차	2023.07.10	53	18,610	매수		
3차	2024.04.25	53	19,210	매도	29,678	3.01

'동서'의 경우 차수당 매수 금액을 100만 원으로 설정해 7차까지 세팅했다. 현재 수익률이 +2.83%로 보이지만, 수익률은 총매입 금액(대략 1,680만 원)을 기준으로 산출되니, 회전율을 감안하면 이보다 훨씬 높다. 세팅된 금액 중 투자에 투입된 금액은 5차까지(500만 원)이며, 실현 수익이 47만 원 정도이니 원금 대비 수익률은 +9.4% 정도인 셈이다. 이때 실제 투자가 진행된 평균 잔고 250만 원을 기준으로 하면 수익률은 +18.8%로 높아진다.

② 때로는 단 하루 동안

매직 스플릿은 분/초 단위의 변동성까지 포착해 매매한다. 인간은 절대 할 수 없는 투자다. '효성'의 경우 하루에 17번 매도, 12번 매수한 적도 있다. 손 하나 까닥하지 않고 매직 스플릿이 알아서 열심히 거래한 결과다.

키움증권 자동매매일지로 본 매직 스플릿 실거래 내역

그렇다고 매직 스플릿이 단기 변동성에서 얻는 작은 수익만을 목적으로 한다고 생각하면 오해다. 2차수 이하의 단기 매매는 가치투자를 바탕으로 한 1차수의 목표 수익이 실현될 때까지 계좌의 현금흐름을 만들고 투자자의 멘털을 관리하는 역할을 한다. 이는 매우 중요한 일이다. 장기투자(1차수)와 단기투자(2차수 이하)를 병행할 수 있다는 것이 매직 스플릿의 큰 장점이다.

MAGIC
SPLIT

3장

매일 수익이 나는
마법의 시스템,
매직 스플릿

매직 스플릿의 특별함은 '분할매도'에 있다

MAGIC SPLIT

외국에서는 오래전부터 분할매수-분할매도 체계를 시스템으로 만들어 매매 프로그램에 기본 탑재해 서비스를 제공했다. FX 외환거래 프로그램인 'MT4', 'MT5'가 대표적이다. 그러나 우리나라는 아직도 HTS에서 모든 분할매수를 평균 매입가로 표시해 관리한다. 외국 시스템과 비교하면 상당히 뒤처진 시스템이라 볼 수 있다.

매직 스플릿은 이러한 단점을 보완한 프로그램이다. 3장에서는 매직 스플릿의 효과적인 사용을 위한 가이드를 정리해 소개하려 한다. 초보자도

매직 스플릿

따라 할 수 있도록 최대한 쉽고 자세하게 소개하겠다.

참고로 이제부터 다루는 핵심 내용은 매직 스플릿 투자 시스템 홈페이지(magicsplit.com), 매직 스플릿 전자책(wikidocs.net/book/8428), 네이버 카페 '경제적 자유를 찾아서'(https://cafe.naver.com/findingfinancialfree) 등에 공개한 내용을 '누구나 따라만 하면 돈 버는 마법의 계좌 분할 투자법' 중심으로 간추려 정리한 것이다.

매직 스플릿 홈페이지

매직 스플릿에서만 가능한 분할매수-분할매도

매직 스플릿을 활용한 주식 투자의 핵심은 분할매매다. 일반 분할매매와 매직 스플릿의 분할매매가 어떻게 다른지 간단한 예시를 들어 설명해 보겠다.

한 투자자가 주식을 3차로 나누어 매수했다.

01월 01일 - 1차 매수 - 1주 1,000원
05월 01일 - 2차 매수 - 1주 800원
09월 01일 - 3차 매수 - 1주 600원

평단가 800원이 되었다. 이후 주가 변화는 다음과 같다.

10월 01일 - 주가가 500원까지 떨어짐
10월 10일 - 주가가 800원까지 오름

'내리면 사고 오르면 판다'는 투자 원칙에 따르면, 투자자는 10월 1일에 주식을 사고 10월 10일에 주식을 팔았어야 한다. 그러나 많은 투자자들이 평단가 800원보다 주가가 오를 때까지 기다린다. 주가가 500원으로 떨어질 때는 더 떨어질까 가슴 졸이고, 800원으로 올랐을 때는 '이제 본전이니 조금만 더 오르면 팔자'라고 생각하는 것이다.

매직 스플릿의 분할매매는 다르다. 예시와 동일한 조건으로 분할매매를 진행했을 때 마지막 3차에 매수한 1주(600원)가 10월 10일(800원)에 +33% 수익이 발생한 것이다. 당연히 수익 실현 매도를 하게 된다. 만약 수익 실현 매도 후 600원까지 주가가 다시 내려간다면 2차 매입가(800원)

일반 분할매수와 매직 스플릿 분할매매 비교

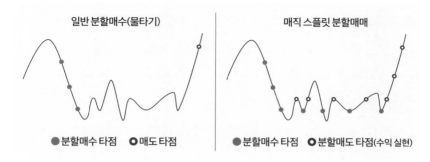

일반 분할매수(물타기)

매직 스플릿 분할매매

● 분할매수 타점 ○ 매도 타점

● 분할매수 타점 ○ 분할매도 타점(수익 실현)

대비 30% 하락한 것이니까 또다시 3차 매수를 할 것이다. 이처럼 각각의 매매 차수를 개별로(독립적으로) 운영하는 것이 핵심이다.

이후 주가가 800원 위로 오르지 않고 하단에서 계속 횡보하면 격차가 더욱 극명해진다. 일명 물타기(분할매도 없는 분할매수)로 평단가를 낮춘 투자자는 800원보다 주가가 오를 때까지 마냥 기다려야 한다. 그러나 매직 스플릿 분할매매를 활용한 투자자는 800원 하단에서 매수-수익 실현, 매수-수익 실현, 매수-수익 실현을 반복해 수익을 계속 챙길 수 있다.

이처럼 같은 분할매수라도 분할매도 없는 분할매수는 수익 실현의 기회가 작다. 반면에 분할매수 이후 각각의 매수 가격대를 기준으로 분할매도하면 주가가 하락해도 수익 실현 매도를 반복할 수 있다. 주가가 고정되어 있지 않고 상승과 하락을 반복하기 때문에 가능한 일이다.

매직 스플릿을 활용하지 않고 직접 분할매수-분할매도를 할 수도 있지만 그러려면 자신이 분할매매한 가격을 정확히 알고 있거나, 계좌를 나누어 투자금을 관리하는 등의 노력을 들여야 한다. 게다가 한 종목이 아닌 여러 종목에 투자한 경우라면 모든 종목의 분할매매가를 일일이 알아야 하고 모든 종목의 주가를 실시간으로 파악하고 있어야 대응할 수 있다. 종목이 많아지면 거의 불가능에 가깝다. 이것이 가능하도록 시스템으로 체계화해 관리하는 프로그램이 매직 스플릿이다.

기존 HTS는 분할매수를 해도 평균 매입가만 알려준다. 따라서 투자자가 일일이 분할매수한 가격대와 거래량을 메모하지 않으면 언제 매수한 몇 주의 주식을 언제 몇 주 팔아야 수익이 만들어지는지 알 수 없다.

매직 스플릿에서는 분할매수–분할매도가 이루어진 가격대와 거래량을 한눈에 볼 수 있다. 또 추가로 주식을 매수할 때마다 차수(번호)를 붙여 관리할 수 있고 매도 역시 차수별로 가능하다. 수익이 나면 바로 매도해 손익을 확정하고, 그 수익을 재투자할 수 있어 복리 효과(투자금 회전)도 극대화할 수 있다.

매직 스플릿(분할 차수) 관리 화면

☑	확장	종목명	등락	수량	매입가	현재가	평가손익	수익률	매입금액	평가금액	자동	1차	2차	3차
☐	+	태경비케이	1.06	3	5,651	5,740	235	1.39	16,955	17,220	Ⓐ	-8.17		
☐	+	오리온	-3.35	1	94,873	100,900	5,826	6.14	94,873	100,900	Ⓐ	3.07		
☐	+	KBSTAR 미�	-0.51	22	8,685	8,810	2,702	1.41	191,078	193,820	Ⓐ	-2.03	0.89	
☐	-	한화오션	-2.00	6	31,222	31,850	3,383	1.81	187,334	191,100	Ⓐ	-3.09	-1.44	

		차수	날짜	수량	매입가	현재가	매입금액	평가금액	평가손익		수익률
		1차	2024.04.26	3	32,800	31,850	98,400	95,550	-3,041		-3.09
		2차	2024.05.07	3	32,250	31,850	96,750	95,550	-1,391		-1.44

다음은 '경제적 자유를 찾아서' 카페 회원이 인증한 'SK하이닉스' 매매 내역이다.

　　　　　　　　　　　　　　　　　　　　　매직 스플릿

2022년 9월 15일 1차 매수를 진행한 이후 꾸준하게 분할매수-분할매도를 한 결과, 매수10회, 매도 9회 총19번 분할매수-분할매도를 반복해 약 5.35%의 수익률(약 9만 원)을 거두었다. 여기서 중요한 건 2022년 9월 15일 처음 매수한 주식은 아직 보유하고 있다는 점이다. 1차 매수만 수동으로 진입하면, 나머지 아래 차수는 매직 스플릿에서 자동으로 관리된다. 이는 매일 수익률과 차트를 들여다보는 수고를 덜어준다. 이 회원은 SK하이닉스 외에도 50개 종목에 투자하는 것으로 알려져 있다.

SK하이닉스 매매 내역

SK하이닉스 (000660) 매매 내역			모든 매매 내역					
전체보기	진행중인 매매 보기	종료된 매매 보기	⚙ 자동매매 설정	종목메모				
매매건수		매입금액	평가/매도금액		손익액	수익률(%)		
10 건		1,697,000	1,791,800		90,707	5.35		
차수	날짜	수량	단가	금액	매매구분	현재가	평가손익	수익률
1차	2022.09.15	2	92,200	184,400	매수	87,600	-9,590	-5.20
2차	2022.09.22	2	86,500	173,000	매수			
2차	2022.10.06	2	91,900	183,800	매도	-	10,338	5.98
3차	2022.09.26	2	81,700	163,400	매수			
3차	2022.10.04	2	86,800	173,600	매도	-	9,761	5.97
2차	2022.10.28	2	86,900	173,800	매수			
2차	2022.11.11	2	95,000	190,000	매도	-	15,723	9.05
3차	2022.11.01	2	81,900	163,800	매수			
3차	2022.11.08	2	87,400	174,800	매도	-	10,558	6.45
2차	2022.11.17	2	87,000	174,000	매수			
2차	2023.01.27	2	92,400	184,800	매도	-	10,391	5.97
3차	2022.12.02	2	82,000	164,000	매수			
3차	2023.01.10	2	87,100	174,200	매도	-	9,812	5.98
4차	2022.12.28	2	76,500	153,000	매수			
4차	2023.01.04	2	81,200	162,400	매도	-	9,036	5.91
2차	2023.01.31	2	86,900	173,800	매수			
2차	2023.02.02	2	94,200	188,400	매도	-	14,184	8.16
2차	2023.03.08	2	86,900	173,800	매수			
2차	2023.04.10	2	92,300	184,600	매도	-	10,391	5.98

SK하이닉스 주가

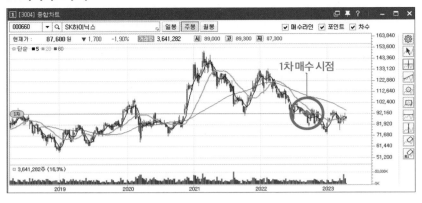

이렇듯 같은 종목을 똑같이 투자해도 계좌를 어떻게 관리하느냐에 따라 수익의 크기가 달라진다. 아무리 좋은 종목을 싸게 매수했더라도 전체 목표 수익률(+10%)에 도달하기까지 무수히 많은 파동을 겪게 마련이다. 크고 작은 파동을 겪을 때마다 매직 스플릿은 매매를 반복하며 수익을 계속 쌓아간다. 작은 금액이더라도 꾸준히 수익이 만들어지니까 무작정 주가가 오르기만 기다리는 지루한 투자가 아닌, 매일 돈 버는 가치 있는 투자가 된다.

심리적으로 안정된 투자란, 주가가 내려도 좋고 올라도 좋은 마음으로 투자에 임하는 것이다. 주식 투자는 심리가 90% 좌우한다는 말도 있다. 투자 심리를 안정적으로 유지할 수 있다면 이기는 게임을 하고 있다고 봐도 무방하다.

매직 스플릿

매직 스플릿을 써야 하는 7가지 이유

① 시간을 내 편으로 만드는 매매가 가능하다.

② 고수들의 비법 분할매수-분할매도를 자동으로 실천할 수 있다.

③ 분할매수-분할매도 시스템으로 자금 회전율과 수익률이 극대화된다.

④ 여러 종목에 투자할 때 작은 수익이 자주 만들어져 주식 투자가 즐겁다.

⑤ 심리 게임에서 우위에 선 매매가 가능해진다(주가가 내려도 좋고, 올라도 좋다).

⑥ 프로그램 내에서 100종목 이상의 종목도 관리할 수 있다(시스템이 자동 관리하니까 관리 시간이 최소화된다).

⑦ 자동매매를 지원해줌으로써 기계적인 투자가 가능하다.

시작하기 전에
준비해야 할 것들

MAGIC SPLIT

매직 스플릿은 분할매수-분할매도를 자동으로 관리하는 프로그램이다. 실질적인 매수-매도는 증권사 프로그램에서 이루어지기 때문에 매직 스플릿 설치에 앞서 증권사 계좌 개설과 API 신청 및 설치, 그리고 멀티 로그인이 가능하도록 설정하는 작업이 필요하다. 어렵지 않으니 설명에 따라 차근차근 따라해보자(매직 스플릿을 사용하며 궁금한 점이 생기면 네이버 카페 '질문/답변' 게시판을 참고하자. 웬만한 상황들은 해결된다).

준비사항

① 컴퓨터 1대(노트북 또는 클라우드 PC도 가능함)

매직 스플릿을 사용하려면 PC나 노트북이 필요하다. 최근에는 클라우드 PC를 손쉽게 이용할 수 있기 때문에 아마존 웹 서비스(AWS)나 네이버 클라우드 등의 클라우드 환경을 이용해도 된다.

> **컴퓨터 권장 사양**
> - 윈도우 7~8 , 윈도우10~11, 윈도우 서버 계열
> - 펜티엄 (Pentium) 이상
> - 메모리 1GB 이상
> - 인터넷 환경 LAN, Wi-Fi

② 키움증권 계좌

매직 스플릿은 키움증권에서 제공하는 Open API와 연계되기 때문에 키움증권 계좌가 필수다. 키움증권 계좌는 은행이나 키움증권 지점에서 개설할 수 있다. 증권사 방문 없이 키움증권 홈페이지나 모바일 앱에서도 비대면 계좌를 신청할 수 있다.

> **계좌 개설 시 필요한 준비물**
> - 스마트폰
> - 신분증
> - 은행 계좌번호

③ Open API 사용 신청

매직 스플릿을 설치하기 전에 Open API 사용 신청을 먼저 해야 한다. 키움증권 Open API는 사용자가 직접 프로그래밍한 투자 전략을 키움증권이 제공하는 모듈에 연결해 시세 조회, 잔고 조회, 주문 등을 할 수 있도록 제공하는 서비스다.

키움증권 홈페이지 하단 '트레이딩 채널'에서 'Open API'를 선택하고 1단계 '사용 신청하러 가기' 버튼을 클릭해 순서에 따라 신청하면 된다.

모의투자도 가능하다. 매직 스플릿으로 모의투자 테스트를 하려면 4단계 '상시 모의투자 신청하러 가기' 버튼을 클릭하고 순서에 따라 신청서를

키움 Open API 신청 화면

매직 스플릿

작성하면 된다. 모의투자 없이 실계좌로 접속하고 싶다면 모의투자 신청을 건너뛰면 된다.

④키움 API 설치와 멀티로그인 설정

여기까지 잘 따라왔다면 이제 키움 API 설치와 멀티로그인 설정만 남았다. 키움 API는 2단계 '키움 Open API+ 모듈 다운로드' 버튼을 클릭해 설치하면 된다.

멀티로그인은 컴퓨터로 키움증권 주식프로그램(영웅문)에 접속하면서 동시에 스마트폰으로도 접속할 수 있는 기능이다. 영웅문에 접속해 상단 탭 '온라인 업무-전자금융거래이용신청-멀티로그인 신청' 순으로 클릭하면 멀티로그인 신청 창이 뜬다. 아이디(ID)와 비밀번호 입력 후 '사용'에 체크하면 된다. 모바일 앱(메뉴-설정-알림/보안-멀티로그인)에서도 설정할 수 있다.

매직 스플릿
실행 가이드

MAGIC SPLIT

 매직 스플릿 설치 파일은 매직 스플릿 투자 시스템 홈페이지 (magicsplit.com)에서 무료로 다운받을 수 있다. 처음 세팅 과정이 조금 복잡하지만 '자동 로그인' 기능이 있어 한 번 해놓으면 이후부터는 편하게 이용할 수 있다. 참고로 매직 스플릿은 반드시 PC 버전을 먼저 설치하고 로그인까지 완료한 후에 모바일 앱을 설치해야 한다.

　매직 스플릿 설치 후 처음 실행할 때 키움 API가 정상 설치된 경우 Open API 업데이트가 진행된다. 키움 API를 정상 설치했음에도 매직 스

플릿 설치가 안 되면 컴퓨터를 재부팅한다. 그래도 안 되면 키움 API를 삭제하고 재설치하길 권한다.

매직 스플릿 로그인

매직 스플릿 로그인 창에 ID와 비밀번호를 입력하면 키움증권에서 제공하는 키움 Open API 로그인 창이 뜬다. 모의투자로 로그인하려면 모

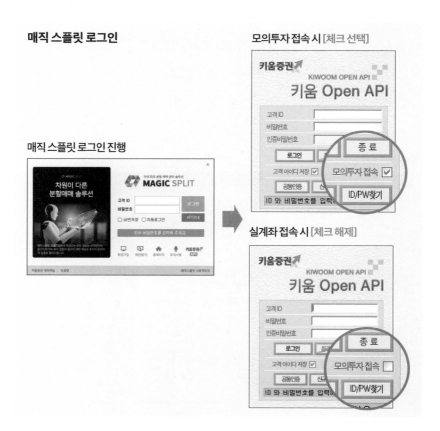

의투자에 체크한 후 모의투자 계좌 ID와 비밀번호를 입력한다. 실계좌로 로그인하려면 모의투자 체크를 해제하고 ID와 비밀번호, 공인인증서 비밀번호까지 입력한다.

간혹 버전 처리를 받으려면 매직 스플릿 프로그램을 종료하고 확인 버튼을 누르라는 메시지창이 뜰 때가 있다. 이는 키움 API 자체가 업데이트될 때 나오는 메시지다. 이때 매직 스플릿을 먼저 종료한 후 확인 버튼을 눌러야 한다. 매직 스플릿을 종료하지 않은 상태에서 무의식적으로 확인 버튼을 누르면, 키움 Open API 업데이트에 실패한다.

로그인에 성공하면 계좌 비밀번호 입력창이 뜬다. 일반적으로 계좌 비밀번호는 HTS 안에서 지정하는데, 키움 API는 첫 로그인 시 해당 계좌의

키움 API 업데이트

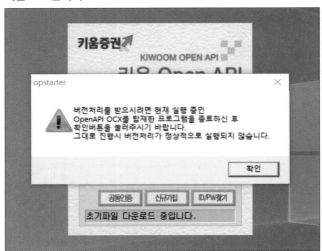

　　　　　　　　　　　　　　　　　　　　　매직 스플릿

비밀번호를 미리 설정하도록 되어 있다.

모의투자로 로그인한 경우 비밀번호는 '0000'이다. 실계좌로 로그인한 경우에는 비밀번호를 직접 설정하면 된다. 비밀번호 칸에 숫자 4자리를 등록하고 창을 닫으면 매직 스플릿 프로그램이 실행된다. 매번 비밀번호를 입력하는 것이 귀찮다면 비밀번호 등록 후 'AUTO'에 체크하면 된다. 다음부터 접속 시 자동 로그인된다.

계좌 비밀번호 입력창

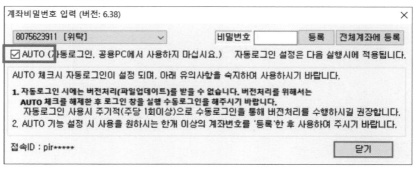

자동/수동 로그인 설정

자동 로그인에서 수동 로그인으로 바꾸는 방법

자동 로그인에서 수동 로그인으로 변경하려면 먼저 매직 스플릿이 실행되어 있어야 한다. 윈도우 하단 작업 표시줄의 우측 트레이에서 키움 API 아이콘을 찾아 우클릭 후 '계좌 비밀번호 저장' 메뉴를 눌러 '계좌 비밀번호 입력창'을 띄운다. 그리고 'AUTO'에 체크된 부분을 해제하면 수동 로그인으로 바뀐다.

이 모든 과정을 순조롭게 마치면 매직 스플릿의 첫 화면과 마주할 수 있다.

윈도우 우측 트레이 영역

매직 스플릿

매직 스플릿 모의투자 테스트

매직 스플릿으로 분할매매를 테스트하려면 처음엔 모의투자를 해보는 것이 좋다. 어느 정도 모의투자를 해봤다면 소액(몇십만 원 이하)으로 실투자 테스트를 진행하고 실투자 테스트도 문제가 없다면 자신의 가용 가능한 투자금으로 전략 설계 후 본격적인 투자에 나서면 된다.

모의투자는 특성상 높은 수수료를 내야 하고 체결 속도도 실투자 환경과 많이 다르다. 예컨대 실투자는 매매 수수료가 제세금을 포함해 0.21% 정도 수준이다. 그러나 모의투자는 제세금이 0.88%로 상당히 높아 정상적인 투자 테스트를 하기가 어렵다. 따라서 모의투자로 매직 스플릿의 메커니즘을 파악하고 테스트하는 수준으로만 진행하는 것이 좋다.

키움증권 수수료 안내
모의투자 수수료와 제세금

주식 0.35% (*제세금 : 018%)

매수매도 합계 = 0.35% + 0.35% + 0.18% (총 088% 공제)

실투자 수수료와 제세금

주식 0.015% (*제세금 : 0.18%)

매수매도 합계 = 0.015% + 0.015% + 0.18% (총 0.21% 공제)

모의투자 매매 제한 종목
- 현재가 1,000원 미만 종목(ELW 종목 제외)
- 총발행 주식 수 10만 주 미만의 종목
- 관리·정리매매·투자주의·투자주의환기·투자경고·투자위험 종목
- 거래정지 종목, ETN, 코넥스, K-OTC 종목

프로그램 사용법①
메인 화면

MAGIC SPLIT

매직 스플릿의 메인 화면은 기본적으로 증권사 HTS 화면과 비슷하다. 메인 화면에 5개의 창이 동시에 뜨기 때문에 화면 해상도 1920×1080 이상을 권장한다. 노트북 사용자는 권장 해상도에 맞추고 윈도우 디스플레이 설정에서 화면 비율을 120% 이하로 설정하면 한결 깔끔한 화면을 볼 수 있다.

메인 화면창

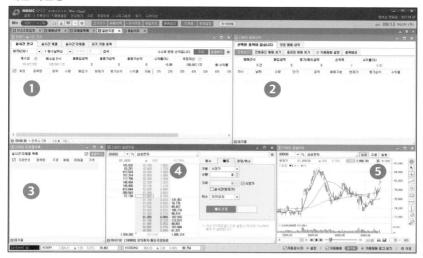

메인 화면에서 '실시간 잔고', '매매 내역', '미체결 목록', '일반 주문', '종합 차트'를 확인할 수 있다.

① 실시간 잔고

a: 매수한 종목과 보유 수량, 매입가, 현재가, 평가 손익, 수익률, 매입 금액, 평가 금액 등을 확인할 수 있다.

b: 해당 종목이 현재 자동매매인지 수동매매인지 알 수 있다. Ⓐ표시가 자동매매다.

c: 1~10차까지 분할매수 차수 현황을 알 수 있다.

d: 선택한 종목의 분할매수 세부 차수 현황을 알 수 있다.

실시간 잔고창

	확장	종목명	보유수량	매입가	자동	1차	2차	3차	4차	5차	6차	7차	8차	9차	10차
☑	+	서울식품	11,718	256	Ⓐ	-12.4	-2.8								
☑	+	마니커	2,061	1,455	Ⓐ	8.3									
☑	+	3S	1,067	2,810	Ⓜ	-15.3	-5.8	5.8							
☑	+	쌍방울	5,988	501	Ⓜ	-28.7	-17.3	-6.5	3.6						

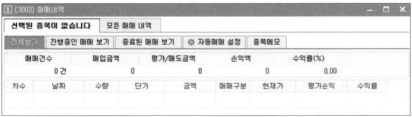

차수	날짜	수량	매입가	현재가	매입금액	평가금액	평가손익	수익률
1차	2022.04.05	1,423	1,207	860	1,717,561	1,223,780	-493,781	-28.7
2차	2022.04.11	1,443	1,040	860	1,500,720	1,240,980	-259,720	-17.3
3차	2022.04.26	1,457	920	860	1,340,440	1,253,020	-87,420	-6.5
4차	2022.05.12	1,665	830	860	1,381,950	1,431,900	49,950	3.6

② 매매 내역

- 선택한 종목의 매매 히스토리를 볼 수 있다.

- **전체보기** : 현재 매매 중인 내역과 종료된 매매 내역을 모두 볼 수 있다.

- **진행 중인 매매 보기** : 현재 매매 중인 내역을 볼 수 있다.

- **종료된 매매 보기** : 종료된 매매 내역을 볼 수 있다.

매매 내역창

1	[3003] 매매내역						− □ ×

선택된 종목이 없습니다	모든 매매 내역

전체보기	진행중인 매매 보기	종료된 매매 보기	⚙ 자동매매 설정	종목메모

매매건수		매입금액	평가/매도금액	손익액	수익률(%)		
0 건		0	0	0	0.00		

차수	날짜	수량	단가	금액	매매구분	현재가	평가손익	수익률

③ 미체결 목록

- 매수 또는 매도 주문의 미체결 상황을 보여준다. 지정가로 주문 전송 시 호가 변화에 따라 미체결 주문이 생길 수 있다.

매직 스플릿

- 취소 주문이 여러 건인 경우 '일괄 취소' 버튼을 눌러 한 번에 취소한다.

미체결 목록창

④ 일반 주문

- 선택된 종목의 호가 화면을 실시간으로 볼 수 있다.
- 증권사 주문창과 동일하게 '매수', '매도', '정정/취소'가 가능하다.
- 매수나 매도 시 차수를 지정할 수 있다. 현재 2차 매수 상태라면 3차 매수 시에는 차수를 '3차'로 지정하고 매수 주문하면 된다.

일반 주문창

⑤ 종합 차트

- 선택한 종목의 차트를 일봉, 주봉, 월봉 단위로 확인할 수 있다.

- 매수 라인을 통해 보유 중인 차수를 쉽게 살펴볼 수 있다.

종합 차트창

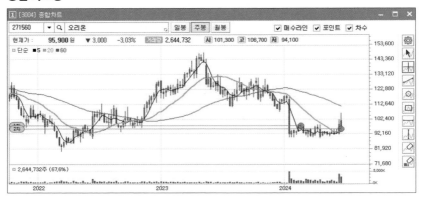

매직 스플릿

프로그램 사용법②
기본 설정

MAGIC SPLIT

알아두면 유용한 매직 스플릿 기본 설정 요소들을 소개한다. 대표 계좌 설정, 그리드 높이 설정, 수수료 설정, 시작 화면 설정, 체결 통보창 설정, 화면 자동정렬 설정 등이다. 본격적인 투자를 시작하기에 앞서 설정을 미리 세팅해도 좋고, 투자를 하면서 필요한 경우에 해당 설정을 변경해도 좋다.

① 대표 계좌 설정

매직 스플릿은 ID 한 개로 여러 증권계좌를 관리할 수 있도록 설계했다. 증권계좌가 여러 개라면, 매직 스플릿을 동작시킬 대표 계좌를 설정해야 한다(계좌 개설은 키움증권 홈페이지나 모바일 앱에서 가능하다).

대표 계좌는 '통합 환경 설정–계좌/보안 설정'에서 선택할 수 있다. 만약 다른 계좌를 관리하고 싶다면 설정창에서 해당 계좌를 대표 계좌로 변경하면 된다.

대표 계좌를 변경한 후에는 프로그램을 재시작해야 한다. 재시작 시 계좌 비밀번호 입력창에 변경한 계좌 비밀번호를 입력해야 하기 때문에, 만

계좌/보안 설정

약 키움 API가 자동 로그인 상태라면 수동 로그인으로 변경해야 한다(3장 '매직 스플릿 실행 가이드'의 '자동 로그인에서 수동 로그인으로 바꾸는 방법' 참고).

② 그리드 높이 설정

PC나 노트북 화면이 작아 매직 스플릿을 제대로 보기 어렵다면(디스플레이 해상도가 작은 경우) '화면 설정'에서 그리드 높이를 조절할 수 있다. 높이를 줄일수록 많은 데이터가 표시된다.

화면 설정

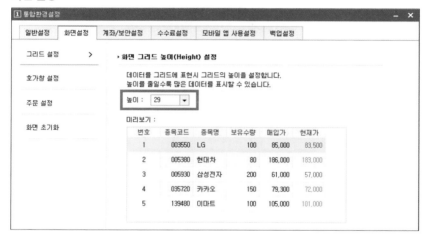

③ 수수료 설정

매직 스플릿의 모든 거래 화면은 '수수료 반영 손익'이다. 수수료 반영 손익이란, 수수료(증권사 매수, 매도 수수료 + 세금)를 제외한 실제 순손익을 말한다. 그렇기 때문에 매직 스플릿에서 설정한 수수료와 증권사 수수료에 차이가 있는 경우 손익 결과가 다르게 나타난다. 기본적으로 키움증권 수수료에 맞춰져 있으나 만약 일반 수수료가 아닌 협의 수수료를 적용받고 있는 경우라면 매직 스플릿 수수료도 해당 협의 수수료로 변경해야 한다.

수수료 설정

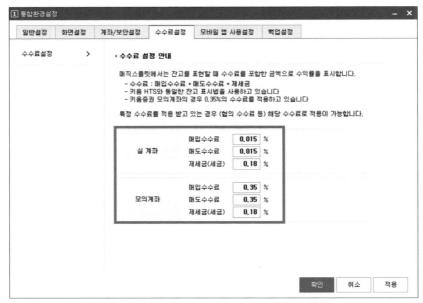

④ 시작 화면 설정

매직 스플릿 시작 시 공지사항이나 진행 중인 이벤트를 알림 받을 수 있다. 원치 않는 경우 체크 표시를 해제하면 된다.

매직스플릿

일반 설정

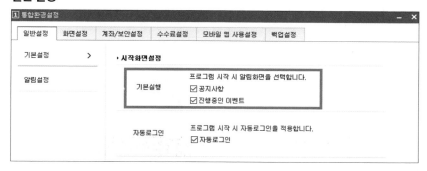

⑤ 체결 통보창 설정

매수 또는 매도 체결이 발생하면 체결 통보창이 뜬다. 이때 창 하단의 설정 버튼을 눌러 설정을 변경할 수 있다. 체결 시 통보창을 몇 초간 띄울지, 알림음을 켤지 말지 등 원하는 대로 설정할 수 있다.

체결 통보창

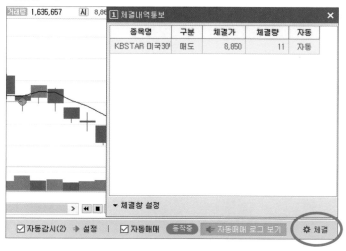

⑥ 화면 자동정렬 설정

화면 자동정렬 기능은 화면 모니터 해상도에 맞게 주요 화면을 자동으로 정렬하는 기능이다. 메인 화면창 상단에서 '자동정렬' 버튼을 누르면 화면이 자동 정렬된다.

자동정렬

프로그램 사용법③
자동매매 전략 설정

MAGIC SPLIT

 매직 스플릿은 수동매매와 자동매매 두 가지를 지원한다. 수동매매는 매매 입력창에 직접 매수와 매도를 입력해서 매매하는 방식이다. 자동매매는 사전에 설정된 임계값에 도달하면 자동으로 주식을 매수-매도하는 아주 편리한 기능이다.

아무리 좋은 전략과 원칙을 세우더라도 실전 매매를 하다 보면 마음이 흔들릴 때가 많다. 자동매매는 이러한 인간 본성을 근본적으로 차단하고, 매매 원칙을 기계적으로 실행할 수 있다.

바쁜 직장인 투자자는 차트를 들여다볼 수 있는 상황이 아니다. 따라서 자동매매 기능이 사막의 오아시스 같은 역할을 해줄 것이다. 이제 자동매매 설정 방법을 하나씩 살펴보도록 하자.

① 기본 매매 설정

매직 스플릿은 신규 종목 매수 시 자동으로 기본 설정(수동매매)이 세팅된다. 화면창 상단 탭에서 '매매설정'을 클릭하면 기본 매매 설정창을 볼수 있다. 가령, 삼성전자 주식을 매수했다면, 이때 삼성전자 종목의 매매설정은 수동매매로 되어 있다.

수동매매

매직 스플릿

신규 종목을 1차 매수한 이후부터 '자동매매'로 세팅하고 싶다면 설정
창에서 '자동매매'를 클릭해야 한다. 자동매매를 클릭하면 세부 사항을
설정할 수 있다.

자동매매

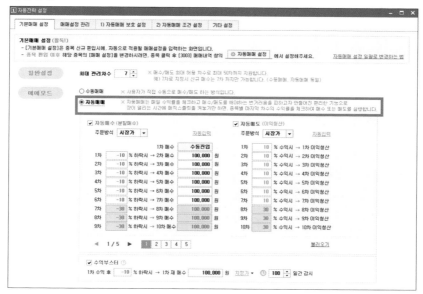

세부 사항은 최대 매수 차수, 자동매수-자동매도 주문 방식, 기본 자동
매매 설정 세 가지다.

• 최대 매수 차수

자동 매수할 최대 차수를 지정한다(10차까지 가능). 예컨대 신규 편입할

종목을 1차부터 5차까지만 매수하고 싶다면 최대 '5'로 한다. 최대 매수 차수까지 매수가 진행되면 이후 주가가 더 떨어져도 추가 매수가 진행되지 않는다.

• 자동매수-자동매도 주문 방식

자동매수와 자동매도 둘 중 하나만 선택 가능하다. 매수는 자동으로 하고, 매도는 수동으로 하고 싶다면 자동매도 체크 표시를 해제하면 된다. 또 주문 시 시장가와 지정가 선택도 가능하다. 시장가 선택 시 '현재가'로 주문된다.

• 기본 자동매매 설정

매수 감시 수익률과 진입 금액, 매도 감지 수익률을 설정한다. 쉽게 말해, 주가가 어느 정도 하락할 때 추가 매수를 얼마만큼 할 것인지, 수익이 어느 정도 났을 때 수익 실현을 할 것인지 정하는 것이다.

자동매매를 하더라도 1차 매수는 사용자가 직접 수동으로 주문을 해야 한다. 이를 위해서는 먼저 종목 선정을 해야 하고, 종목당 투자금도 설계해야 한다(이 부분은 4장 '매매 전략① 투자금 설계'에 자세히 나온다).

투자금 70만 원으로 주가가 1만 원인 종목에 투자한다고 해보자. 최대 매수를 7차로 하면 차수별 분할 매수금은 10만 원이다. 매매 설정을 '10% 하락 시 추가 매수, 10% 수익 시 매도'로 할 때 자동매매가 어떻게 이루어지는지 살펴보자.

자동매매 세부 설정

☑ 자동매수 (분할매수)　　　　　　　　　　　　☑ 자동매도 (이익청산)

주문방식	시장가 ▼		자동입력	주문방식	시장가 ▼		자동입력
		1차 매수	**수동진입**	1차	10	% 수익시 →	1차 이익청산
1차	-10	% 하락시 → 2차 매수	**100,000** 원	2차	10	% 수익시 →	2차 이익청산
2차	-10	% 하락시 → 3차 매수	**100,000** 원	3차	10	% 수익시 →	3차 이익청산
3차	-10	% 하락시 → 4차 매수	**100,000** 원	4차	10	% 수익시 →	4차 이익청산
4차	-10	% 하락시 → 5차 매수	**100,000** 원	5차	10	% 수익시 →	5차 이익청산
5차	-10	% 하락시 → 6차 매수	**100,000** 원	6차	10	% 수익시 →	6차 이익청산
6차	-10	% 하락시 → 7차 매수	**100,000** 원	7차	10	% 수익시 →	7차 이익청산
7차	-30	% 하락시 → 8차 매수	100,000 원	8차	30	% 수익시 →	8차 이익청산
8차	-30	% 하락시 → 9차 매수	100,000 원	9차	30	% 수익시 →	9차 이익청산
9차	-30	% 하락시 → 10차 매수	100,000 원	10차	30	% 수익시 →	10차 이익청산

　만약 주가가 9,000원으로 10% 떨어지면 1차 매수 단가 대비 -10%가 된다. 이 경우 자동매매 설정대로 추가 매수가 진행되어 2차 매수금 10만 원으로 11주를 사들인다.

　이후 9,000원보다 10% 더 내려 8,100원이 되면, 1차 매수 단가 대비 -19%가 되고 2차 매수 단가 대비 -10%가 된다. 이때 역시 자동매매 설정대로 3차 매수금 10만 원으로 12주를 사들인다. 결과적으로 총 30만 원어치 주식(33주)을 3차로 나누어 매수한 것이다.

　여기서 주가가 10% 반등해 8,910원이 되면, 3차 매수 단가 대비 +10% 수익이 나고 자동매도 조건을 만족시켜 3차에서 매수한 12주를 매도해 수익 실현을 한다.

②자동매매 설정 관리

자동매매 설정 관리는 기본 자동매매 설정을 유형별로 만들어 관리하는 기능이다. '10% 하락 시 매수, 10% 수익 시 매도' 조건을 모든 종목에 일괄 적용하는 건 바람직하지 않다. 삼성전자처럼 무거운 종목은 +5% 수익만 나도 단기적으로 많이 움직인 것이다. 그러나 가벼운 코스닥 종목은 5% 등락이 하루에도 몇 번씩 벌어진다. 따라서 일관성 있는 투자를 위해 종목당 투자금을 동일하게 하더라도 움직이는 폭의 감시 설정은 다르게 지정하는 것이 바람직하다.

자동매매 설정 관리

매직 스플릿

예를 들어, 기본 자동매매 설정을 '대형주용', '소형주용' 등으로 구분하고 종목의 특성에 따라 맞는 설정값을 그때그때 적용하는 것이다. 몇 가지 유형으로 미리 만들어두면 새로운 종목에 투자할 때마다 매번 일일이 값을 지정하지 않아도 되어 훨씬 편리하다. 자동매매 설정 관리는 '매매 설정 관리' 탭에서 추가, 삭제, 수정할 수 있다.

매직 스플릿 무료와 프로(PRO)

매직 스플릿은 무료 버전과 프로 버전으로 구분된다. 무료 버전의 경우 매수-매도는 무제한이지만, 자동매매는 최대 7개 종목만 가능하며, 자동매매 시 최대 10차수까지 설정할 수 있다.

매직 스플릿 프로 멤버십(유료)에 가입하면 자동매매가 무제한으로 가능하며 최대 50차수까지 설정할 수 있다. 또한 수익을 극대화할 수 있는 수익 부스터 기능도 프로 버전에서만 사용할 수 있다.

프로그램 사용법④
자동매매 옵션

MAGIC SPLIT

자동매매 옵션은 실제 자동매매가 이루어지는 상황에서 필요한 옵션들이다. 종목별 자동매매 설정 및 변경, 자동매매 동작 체크, 자동매매 로그 등에 대해 살펴보자.

① 종목별 자동매매 설정 및 변경

신규 종목을 1차 매수한 이후 '기본 자동매매 설정'을 세팅했다. 그런데 세팅된 설정값을 중간에 바꾸고 싶은 상황이 생길 수 있다.

메인 화면의 실시간 잔고창에서 원하는 종목을 누르고 매매 내역창의 '자동매매 설정' 탭을 클릭하면 자동매매 옵션이 나온다. 설정값을 수정한 뒤 '저장' 버튼을 누르면 수정된 설정값으로 자동매매가 진행된다.

실시간 잔고창

☑	확장	종목명	보유수량	매입금액	평가금액	자동	1차	2차	3차
☑	✛	서울식품	3	768	744	Ⓜ	-3.13		
☑	✛	마니커	1	1,455	1,415	Ⓐ	-2.28		
☑	✛	3S	3	8,430	8,295	Ⓜ	-1.81		
☑	✛	쌍방울	4	2,004	2,024	Ⓜ	0.80		

자동매매 설정창

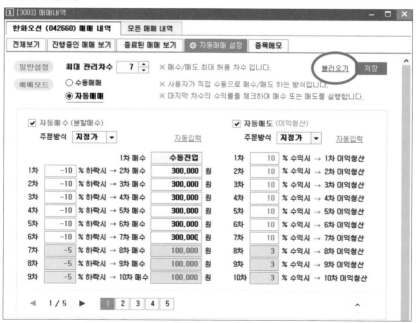

앞서 소개한 '자동매매 설정 관리'에 미리 저장한 설정값으로 세팅하고
싶다면 '불러오기' 버튼을 클릭해 해당 파일을 선택하면 된다.

매매 설정 불러오기

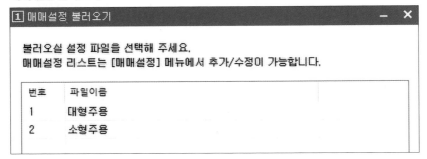

②자동매매 동작 체크

매직 스플릿 자동매매 시스템은 편리함은 물론이거니와 사용자 계좌의
안전성을 우선한다. 주문 오류 등의 문제가 생기면(매수 증거금 부족 등) 계
좌 보호를 위해 전체 자동매매가 중지되도록 설계되었기 때문에, 매직 스
플릿을 자동매매로 설정해 운영하더라도 자동매매가 잘 작동되고 있는지
틈틈이 확인할 필요가 있다.

자동매매 운영 상태는 화면창 오른쪽 하단에서 한눈에 확인할 수 있다.
'자동매매'에 체크가 되어 있고 '동작 중' 녹색불이 켜졌다면 자동매매가
정상 진행 중인 상태다. 참고로 프로그램이 자동매매 여부를 판단하는 기
준은 '화면창 오른쪽 하단 자동매매 상태 옵션'이 1순위다. 이 옵션이 해
제되면 모든 종목의 자동매매가 실행되지 않는다. 그리고 종목별 자동매

매직 스플릿

매 설정 여부가 2순위다. 실시간 잔고창에 자동매매 옵션이 켜져 있어야 한다.

자동매매 운영 상태

사용자가 자동매매를 중지한 경우

자동매매가 정상 동작중인 상태

장이 종료되어 자동매매가 중지된 상태

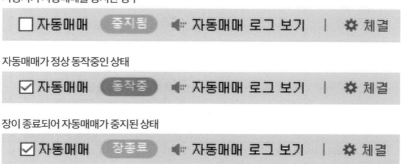

실시간 잔고창 자동매매 옵션

☑	확장	종목명	보유수량	매입금액	평가금액	자동	1차	2차	3차
☑	+	서울식품	3	768	744	Ⓜ	-3.13		
☑	+	**마니커**	1	1,455	1,415	Ⓐ	-2.28		
☑	+	3S	3	8,430	8,295	Ⓜ	-1.81		
☑	+	쌍방울	4	2,004	2,024	Ⓜ	0.80		

③ 자동매매 로그

매직 스플릿이 자동매매를 실행하면 화면창 오른쪽 하단에 '자동매매 로그 보기' 버튼이 깜박거린다. 이 버튼의 깜박거림 유무만 확인해도, 오늘 자동매매 실행이 있었는지 알 수 있다.

버튼을 클릭하면 상세한 진행 상황을 확인할 수 있다. 언제 어떤 임계

값을 감지해 몇 차로 자동매매가 실행되었는지 자세한 로그를 살펴볼 수 있다. 오류 상황으로 자동매매가 멈춘 경우 매매 결과에 오류 코드 및 메시지가 기록된다.

자동매매 로그 보기

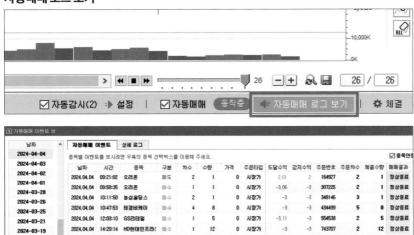

참고로, 여러 가지 오류로 자동매매가 중지되면 매직 스플릿 프로그램 시작 시 '메시지창'으로 사용자에게 내용을 전달한다. 사용자는 자동매매 로그를 확인하고 적절한 대처 후 다시 자동매매 옵션을 활성화하면 된다.

Q: 매입 금액을 제한하거나 종목당 하루 매매 횟수를 정할 수 있나요?

A: 매직 스플릿에는 다양한 자동매매 보호 설정이 있습니다. '매매설정 → 자동매매 보호 설정'을 클릭하면 총 4가지 보호 설정이 나옵니다.

①개별 종목 기준 최대 매수 차수 설정

최대 횟수를 2회로 설정할 경우 Ⓐ종목이 당일 2회 자동매수가 발생했다면 이후에는 자동매수 조건에 부합해도 자동매수를 하지 않습니다. 이 설정은 하한가에 연속해서 추가 매수되는 것을 방지할 수 있습니다.

②전체 종목 기준 당일 하루 최대 매수 금액 설정

당일 자동매매로 최대 매수 금액에 도달하면 이후에는 자동매수 조건에 부합해도 자동매수를 하지 않습니다.

③전체 종목 기준 당일 하루 최대 매수 횟수 설정

당일 최대 매수 횟수에 도달하면 이후에는 자동매수 조건에 부합해도 자동매수를 하지 않습니다.

④전체 계좌의 최대 매입 금액 설정

예를 들어 총 1,000만 원으로 계좌를 운영할 경우 최대 매입 금액을 950만 원으로 설정해놓으면 950만 원 매입 이후 자동매수 조건에 부합해도 자동매수를 하지 않습니다. 이 설정은 예수금이 부족한 상황을 방지할 수 있습니다.

프로그램 사용법⑤
매매 내역
MAGIC SPLIT

매직 스플릿은 사용자가 쉽고 편리하게 사용할 수 있도록 인터페이스를 제공하는 데 주안점을 두었다. 차수별 매매도 한눈에 파악하기 쉽게 '선택 종목'과 '모든 종목' 두 가지 형태로 제공한다.

① 선택 종목 매매 내역

잔고창에서 특정 종목을 선택하면 해당 종목의 매매 현황을 볼 수 있다. 진행 중인 매매 내역과 종료된 매매 내역이 날짜순으로 제공된다.

선택 종목 매매 내역

매매건수		매입금액	평가/매도금액		손익액	수익률(%)	
2 건		148,900	146,300		-3,966	-2.66	

차수	날짜	수량	단가	금액	매매구분	현재가	평가손익	수익률
1차	2022.08.24	1	74,500	74,500	매수	70,200	-4,961	-6.66	← 진행 중인 매매
2차	2022.08.25	1	74,400	74,400	매수				← 종료된 매매
2차	2022.08.25	1	76,100	76,100	매도	-	1,005	1.35

② 모든 매매 내역

'모든 매매 내역'에서는 종료된 모든 종목의 매매 내역을 확인할 수 있다. 다양한 방법으로 조회가 가능하며 '저장' 기능을 이용해 엑셀 형태로 저장할 수 있다. 또 최상단의 합산 내역에서 조회 기간 동안 조회된 모든 종목의 수익률도 확인할 수 있다. 가령, 이번 달 매직 스플릿으로 매매한 총수익이 얼마인지 알고 싶다면 모든 종목 매매 내역에서 이를 쉽게 확인할 수 있다.

모든 매매 내역

매매건수		매입금액	평가/매도금액		손익액	수익률(%)	
2 건		985,806	1,045,398		56,898	5.77	

차수	날짜	종목명	수량	매입단가	매매구분	매도단가	평가손익	수익률
1차	2022.08.30	아시아나항공	67	14,710	매수				← 매수
1차	2022.09.01	아시아나항공	67	14,710	매도	15,599	50,107	5.08	← 매도
3차	2022.08.23	서울식품	1	256	매수				
3차	2022.09.02	서울식품	1	256	매도	248	-8	-3.13	

Q: 오늘 매도가 되었는데 종료된 매매 내역에 보이지 않아요.

간혹 오늘 매도된 종목이 매매 내역에 보이지 않는 경우가 있습니다. 실제로 매매 기록이 누락된 것이 아니라, 특정 차수를 여러 차례 나누어 매도한 경우에 나타나는 현상입니다. 매직 스플릿은 사용자의 편리를 위해 특정 차수의 매수와 매도를 짝지어 보여주는데, 이때 매도일은 최초 매도일을 기준으로 합니다.

예를 들어, 보유하고 있는 A종목 10주가 3차 매도 조건을 만족시켜 두 차례에 걸쳐 자동매도되었다고 가정해봅시다. 6월 1일에 5주가 매도되고 7월 5일에 나머지 5주가 매도되었다면, 3차수의 최초 매도일인 6월 1일로 매도 내역이 합쳐지기 때문에 7월 5일로 검색하면 내역이 나오지 않습니다.

오늘 매도된 차수의 최초 매도일은 '매도 내역 상세 검색'에서 확인할 수 있습니다. 매도일을 지정하고 '조회' 버튼을 누르면 해당 매도일이 포함된 차수의 세부 내역이 상세하게 나옵니다.

매직 스플릿 클라우드 서비스

매직 스플릿의 최대 단점 중 하나가 PC가 있어야 한다는 점이다. 간혹 매직 스플릿 투자를 위해 따로 노트북을 샀다는 분들도 있다. 그러나 이것은 매직 스플릿의 잘못이 아니다. 증권사들은 매직 스플릿 같은 일종의 투자 지원 프로그램들과의 통신을 위해 API라는 것을 제공한다(증권사 HTS가 텔레비전이라면 매직 스플릿은 텔레비전을 켜고 끄는 리모컨으로 이해하면 쉽다). 그런데 증권사에서는 해킹 등의 이유를 내세워 보안을 위해 모바일 API를 제공하지 않는다(PC 리모컨은 허용하지만 스마트폰 리모컨은 허용하지 않는 것이다). 바로 이 단점을 보완한 것이 매직 스플릿 클라우드 서비스다.

매직 스플릿 클라우드 서비스는 집이나 회사 PC에서 매직 스플릿을 운영하기 어려운 분들을 위해 안정적인 클라우드 환경(아마존 웹 서비스 등)에서 안전하게 운영할 수 있도록 지원하는 서비스다. 즉, 클라우드의 가상 서버를 내 PC처럼 이용하는 것이다. 이미 많은 투자자들이 매직 스플릿 클라우드 서비스를 사용하고 있다.

매직 스플릿 클라우드와 아마존 웹 서비스 가상 서버

매직 스플릿   아마존 웹 서비스

물론 'PC에 설치해서 잘 쓰고 있는데 굳이 클라우드까지 해야 하나?'라고 생각할 수 있다. 매직 스플릿 클라우드 서비스는 필수가 아닌 선택 사항이다. 다만 개인적으로

직접 경험해본 매직 스플릿 클라우드 서비스는 PC로부터 자유라는 선물을 주었다. PC는 전원을 매일 켜고 꺼야 하니까 번거롭다. '그럼 PC를 계속 켜놓으면 되겠군'이라고 생각할 수 있겠지만, PC를 계속 켜놓는다고 문제가 없는 건 아니다. 갑자기 전원이 나가거나 통신사 사정으로 인터넷 연결이 끊기는 등의 돌발 상황이 발생할 수 있기 때문이다. PC가 멈추면 매직 스플릿 프로그램 또한 그대로 멈추고 자동매매 또한 이루어지지 않는다. 만약 자리를 비운 상황이라면 대처가 어렵고 복구가 늦어질수록 손해는 커지게 된다.

이러한 상황을 미연에 방지하기 위해 안정된 PC 환경을 갖추는 것이 중요하지만, 가정용 PC는 인터넷 끊김, 바이러스, 하드웨어 수명 등의 변수로 매직 스플릿을 운영하기에 어려운 점이 많다.

매직 스플릿 클라우드 서비스는 매직 스플릿 운영을 위한 나만의 온라인 PC가 한 대 생기는 것이라고 보면 된다. 시장이 열리는 오전 9시에 매직 스플릿이 자동으로 켜지고, 시장이 끝나는 오후 3시 30분에 매직 스플릿이 자동으로 꺼지기 때문에 신경 쓸 게 없다.

매직 스플릿 투자용으로 PC 사양을 최소화하고 운영시간을 평일(장중 시간)로 제한하면 최소한의 클라우드 비용으로 매직 스플릿을 안정적으로 운영할 수 있다.

매직 스플릿 클라우드 서비스를 이용하면 매일 아침 카카오톡 알림이 온다. 마치 개인 비서가 오늘 일정을 알려주듯, 투자 상황을 한눈에 확인할 수 있다. 또 장이 마감되면 오늘의 투자 결과까지 카톡으로 알려준다. 투자 데이터는 이중으로 자동 백업해

매직 스플릿 종료 알림 카톡

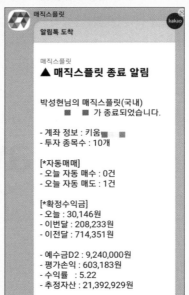

매직 스플릿

준다.

매직 스플릿 클라우드 서비스를 이용하면 스마트폰으로 매직 스플릿 접속이 가능해 출장을 가든 여행을 가든 걱정이 없다. 인터넷 연결 환경 조건만 만족한다면 시간, 장소를 가리지 않고 언제든 주식 투자를 할 수 있다. 투자 결과를 한눈에 파악할 수도 있고, 신규 종목 투자부터 차수 세팅까지 모든 일을 스마트폰으로 제어할 수 있다.

언제, 어디서나 편하게 투자하고 투자 결과를 바로 알려주는 매직 스플릿 클라우드의 장점을 여러분도 누려보길 바란다.

MAGIC
SPLIT

4장

따라만 해도 돈 버는
실전 매매 및 활용 전략

실전 매매 전에
알아야 할 것들

MAGIC SPLIT

마지막 4장에서는 매직 스플릿을 이용한 실전 매매 전략을 소개한다. 투자금을 설계하는 방법, 매수 종목 선정 노하우, 매직 스플릿 계좌 관리 개념 등을 차근차근 풀어갈 것이다. 실전 매매에 앞서 몇 가지 숙지해야 할 것이 있다. 그 내용부터 살펴보자.

모든 매매 주문은 매직 스플릿 프로그램을 통해서 해야 한다. 매직 스플릿은 증권사 HTS의 잔고 관리(평균 매입가로 표현) 방식을 획기적으로 개선한 프로그램이다. 매수할 때마다 고유의 차수를 부여해, 차수별 잔고 관리를 한다. 따라서 주문은 반드시 매직 스플릿 주문창을 통해 이루어져야 한다. 물론 증권사 HTS에서 주문할 수 없는 건 아니지만, 이 경우 매직 스플릿 고유의 차수 관리 기능이 초기화되는 등의 문제가 발생할 수 있어 가급적이면 매직 스플릿으로 주문할 것을 권한다. 기존 HTS에서 주문하면 다음과 같이 처리된다.

① 증권사 HTS와 매직 스플릿이 함께 동작하는 경우

두 프로그램이 동시에 실행 중이면 증권사 API로 동기화되니까 큰 문제가 없다.

- **증권사 HTS에서 매수:** 신규 종목이라면 매직 스플릿에서는 1차 차수가 생성된다. 이미 보유한 종목이라면 마지막 차수에 더해진다.
- **증권사 HTS에서 매도:** 매도 체결된 수량만큼 매직 스플릿의 마지막 차수에서부터 차감된다. 만약 모든 수량을 매도해 해당 종목이 삭제되면, 매직 스플릿에서도 똑같이 사라진다.

② 증권사 HTS만 켜진 경우

매직 스플릿이 꺼져 있는 동안 거래가 일어나면, 이후 매직 스플릿 실행 시 해당 종목이 초기화된다.

- **증권사 HTS에서 매수:** 신규 종목이라면 이후 매직 스플릿 실행 시 없던 종목이 생성되었기 때문에 보유 수량만큼 1차로 설정된다. 이미 보유한 종목이라면 이후 매직 스플릿 실행 시 해당 종목이 1차로 초기화된다.

- **증권사 HTS에서 매도:** 이후 매직 스플릿 실행 시 해당 종목이 1차로 초기화된다. 1차 초기화란 매직 스플릿에 매매 내역이 1차, 2차, 3차로 있었다 하더라도 매직 스플릿 실행 시 HTS 잔고와 차수 정보가 맞지 않으면 모든 수량을 1차로 합산하는 걸 말한다.

매직 스플릿

매매 전략①
투자금 설계

MAGIC SPLIT

모든 투자에는 투자금 전략이 필요하다. 매직 스플릿은 기본적으로 분할매수 관리 프로그램이기 때문에 이에 맞는 투자금 전략을 세워야 한다. 자신의 전체 투자금과 종목당 최대 매수 차수 등을 정해서 전략적으로 투자하는 것이 핵심이다.

사실 투자금 설계는 정해진 답이 없다. 몇 종목에 얼마만큼 투자할지는 투자자 마음이다. 하지만 처음에는 많이 알려진 방법으로 투자금을 설계하는 것을 추천한다.

투자금 설계의 이해를 돕고자 첫 투자를 앞둔 시점에서 설명하겠다. 총 투자금 3,000만 원으로 투자한다고 할 때 가장 먼저 해야 할 일은 최대 매수 종목의 수와 종목당 최대 매수 차수를 결정하는 일이다.

매직 스플릿의 가장 큰 특징은 '시스템이 수익 차수 관리를 한다'는 것이다. 따라서 종목 수가 많아도 상관없다. 그렇다면 기왕 종목 수를 많이 분할해 리스크를 최소화하는 것이 유리하다. 최대 20개 종목에 투자한다면 한 종목당 150만 원씩 투자할 수 있다. 여기서 한 종목당 최대 5차까지 분할매수한다고 설계하면, 한 번에 매수 가능한 금액은 30만 원이다.

종목명	1차	2차	3차	4차	5차
종목1	30만 원	30만 원	30만 원	30만 원	30만 원
종목2	30만 원	30만 원	30만 원	30만 원	30만 원
종목3	30만 원	30만 원	30만 원	30만 원	30만 원
종목4	30만 원	30만 원	30만 원	30만 원	30만 원
종목5	30만 원	30만 원	30만 원	30만 원	30만 원
종목6	30만 원	30만 원	30만 원	30만 원	30만 원
종목7	30만 원	30만 원	30만 원	30만 원	30만 원
종목8	30만 원	30만 원	30만 원	30만 원	30만 원
종목9	30만 원	30만 원	30만 원	30만 원	30만 원
종목10	30만 원	30만 원	30만 원	30만 원	30만 원
종목11	30만 원	30만 원	30만 원	30만 원	30만 원
종목12	30만 원	30만 원	30만 원	30만 원	30만 원
종목13	30만 원	30만 원	30만 원	30만 원	30만 원
종목14	30만 원	30만 원	30만 원	30만 원	30만 원
종목15	30만 원	30만 원	30만 원	30만 원	30만 원
종목16	30만 원	30만 원	30만 원	30만 원	30만 원
종목17	30만 원	30만 원	30만 원	30만 원	30만 원
종목18	30만 원	30만 원	30만 원	30만 원	30만 원

종목19	30만원	30만원	30만원	30만원	30만원
종목20	30만원	30만원	30만원	30만원	30만원
20 종목	**600만원**	**600만원**	**600만원**	**600만원**	**600만원**

투자금 설계를 마쳤다면 이에 따라 매직 스플릿에서 기본 자동매매 설정을 할 차례다. 'n% 하락' 또는 'n% 수익'의 설정값은 사용자 판단에 따라 결정한다. 일봉 기준으로 추가 매수의 텀을 더 짧게 가져가고 싶다면 5% 설정도 무방하다. 일봉 대신 주봉으로 추가 매수를 원한다면 조금 여유 있게 10% 이상 설정하는 걸 추천한다.

투자금 설계

투자금의 최대 회전율을 고민하라

매직 스플릿으로 실제 투자를 하다 보면 의외의 소득이 발생한다. 주가가 반등해 해당 차수의 수량이 매도된 경우 해당 매도 금액을 다시 예수금으로 돌려 다른 종목의 추가 매수 금액으로 투자하는 것이다. 이를 반복하면 수익금을 재투자함으로써 복리 효과를 얻을 수 있다.

수익금이 발생할 때마다 예수금에 넣어도 되지만 일단 현금으로 보유하고 있는 것도 좋은 방법이다. 투자자에게 현금은 또 하나의 종목이라고 할 수 있다. 여유 자금이 충분하면 폭락장에서 좋은 주식을 싸게 살 기회를 잡을 수 있다. 투자에서는 늘 여유 자금이 있어야 한다는 점을 명심하자.

매매 전략②
매수 종목 선정
MAGIC SPLIT

매직 스플릿 투자에서 투자금 설계보다 더 중요한 것이 종목 선정이다. 아무리 자금 관리에 탁월해도 내리막길을 걷는 종목에 투자하면 원금 회복까지 상당 시간을 기다려야 하기 때문이다. '주식 순환 사이클' 그림을 보면 알 수 있듯이, 이미 가격이 오른 Ⓐ지점에 들어가면 하염없이 내려가는 구간을 견디며 주가가 회복하기 시작하는 Ⓑ지점까지 오랜 시간 기다려야 한다.

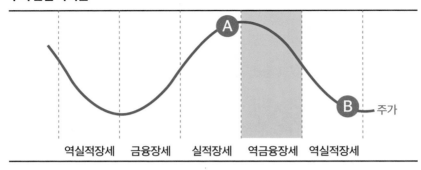

주식 순환 사이클

역실적장세　금융장세　실적장세　역금융장세　역실적장세

　따라서 우리는 가격이 많이 내린 종목을 골라 공략해야 한다. 만약 주가가 많이 떨어진 ⓑ지점에 1차 매수를 진행한다면(10% 하락, 4차까지 분할매수 가정), 1차 매입가 대비 총 −40%를 견딜 수 있다. 1차 매수 후 주가가 더 내려갈 수도 있지만, 이미 주가가 많이 하락했으니까 그 하락 폭이 제한될 확률이 높다. 하락 폭이 제한되지만 그렇다고 바로 주가가 반등하지는 못한다. 이 경우 일정 기간 상승과 하락을 반복하는 횡보장(박스권)이 이어지는데, 횡보장에서 분할매매의 장점이 가장 크게 발휘된다.

　즉, 주가가 많이 하락했고 반등하기 전에 박스권에서 횡보하는 주식을 고르는 것이 무엇보다 중요하다. 횡보장이 시작되면 분할매수-분할매도를 반복함으로써 수익 극대화를 경험할 수 있다. 나는 하락 폭이 충분한 종목을 선택하고자 애쓴다. 그래서 일봉보다 주봉을 기준으로 차트를 살피고, 고점 대비 최소 50% 이상 떨어진 종목을 투자 대상 후보로 생각한다. 수익 날 확률이 높고 리스크를 최소화하는 지점을 찾는 게 종목을 고르는

매직 스플릿

매직 스플릿 분할매매

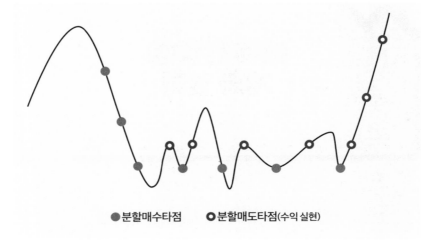

●분할매수타점　　　○분할매도타점(수익 실현)

핵심이다. 물론 여기에는 내재가치가 충분한 기업을 고르는 것이 밑바탕
되어야 한다. 앞서 강조했듯 저렴한 주식을 사는 것이 아니라 '훌륭하지만
저평가된 주식을 사는 것'이다.

매매 전략③
계좌 관리

MAGIC SPLIT

분할매수-분할매도 투자는 개념적으로 하나의 계좌가 아닌 차수별로 독립된 계좌로서 운영해야 한다. 이것이 어렵다면 물리적으로 계좌를 여러 개로 나누어 관리해야 한다. 만약 투자금을 7차수까지 운영하려면 7개의 계좌가 필요하고, 5차수까지 운영하려면 5개의 계좌가 필요하다. 이때 계좌를 관리하는 방법은 두 가지로 나뉜다.

> Ⓐ투자: 실제로 여러 계좌를 만들어 운영하는 방법
> Ⓑ투자: 1개 계좌로 운영하되, 매수-매도 단가를 엑셀에 기록해 1차수부터
> 7차수까지 관리하는 방법

두 가지 방법 모두 장단점이 있다. 정리하면 다음과 같다.

Ⓐ투자	장점	계좌별 독립된 운영이 확실하게 눈으로 보인다. 매수와 매도가 명확하다.
	단점	종목이 늘고 계좌도 늘면, 매번 계좌를 돌아다니며 종목별 추가 매수와 매도를 판단해야 해서 관리가 어렵다.
Ⓑ투자	장점	계좌마다 돌아다니지 않아도 된다. 엑셀에 정리한 내용만 보고 관리하면 되니까 편하다.
	단점	매매가 일어날 때마다 차수별 매수 단가와 매도 단가를 엑셀에 정리해야 하는 번거로움이 있다. 그리고 증권사 수익률과 엑셀로 정리한 수익률에 차이가 발생해 혼란스러울 수 있다. 증권사는 평균 매입가에 대한 수익률이고, 엑셀은 매수-매도에 따른 실제 수익률이기 때문이다. 평가 방식의 차이일 뿐 결과적으로는 똑같다.

매직 스플릿은 Ⓑ투자 방식을 채택한다. Ⓑ투자 방식에서 매직 스플릿 프로그램이 엑셀을 자동으로 작성해 준다고 생각하면 이해가 쉽다. 바로 이 부분이 매직 스플릿의 핵심이다. 삼성전자 주가를 예로 들어 내용을 정리하면 다음과 같다.

삼성전자를 1차수에서 10주 매수했다면 프로그램은 아래 내용을 저장한다.

2024.05.20 1차수 삼성전자 10주 매수 단가 6만 5,000원 매수

며칠 후 주가가 떨어져 -10%가 되면 2차수 계좌가 추가 매수를 진행한다. 프로그램은 아래의 내역을 추가로 저장한다.

2024.05.20. 1차수 삼성전자 10주 매수 단가 6만 5,000원 매수
2024.05.25. 2차수 삼성전자 10주 매수 단가 5만 8,500원 매수

그리고 다시 주가가 6만 5,000원으로 반등해 2차수 보유 주식을 매도하면, 프로그램은 2차수 계좌에서 +10% 수익이 났다고 저장한다.

2024.05.20. 1차수 삼성전자 10주 매수 단가 6만 5,000원 매수
2024.05.25. 2차수 삼성전자 10주 매수 단가 5만 8,500원 매수
2024.05.28. 2차수 삼성전자 10주 매도 단가 6만 5,000원 매도 +10% 수익 실현

이처럼 분할매수-분할매도 시 실제 체결되어 증권사에서 알려주는 수량과 매수 단가 등의 정보를 매직 스플릿이 연결해(매수-매도 체결 내역을 서로 연결) 사용자에게 보기 좋게 제공하는 것이다. 프로그램이 수익률을 추측해서 보여주는 것이 아니라 실제 발생한 매수-매도 체결 내역(수량, 단가 등 사실 정보)을 1~10차수 계좌 그룹으로 묶어서 사용자에게 그대로 전달한다.

매직 스플릿

'태경비케이' 종목의 매매 내역을 보자. 총 30건의 매매가 엑셀 형태로 정리되어 있다.

태경비케이 매매 내역

1 [3003] 매매내역								_ □ ×

태경비케이 (014580) 매매 내역		모든 매매 내역						
전체보기	진행중인 매매 보기	종료된 매매 보기	⚙ 자동매매 설정	종목메모				

매매건수		매입금액		평가/매도금액		손익액	
30 건		28,928,130		29,167,710		178,379	

차수	날짜	수량	단가	금액	매매구분	현재가	평가손익	수익률
1차	**2023.09.07**	**140**	**7,060**	**988,400**	**매수**	**5,430**	**-229,818**	**-23.25**
2차	2023.09.27	148	6,630	981,240	매수			
2차	2023.10.23	148	7,210	1,067,080	매도	-	83,406	8.5
3차	2023.10.16	158	6,310	996,980	매수			
3차	2023.10.20	158	6,530	1,031,740	매도	-	32,407	3.25
4차	2023.10.20	166	6,000	996,000	매수			
4차	2023.10.20	166	6,200	1,029,200	매도	-	30,852	3.1
2차	2023.10.23	148	6,720	994,560	매수			
2차	2023.10.23	148	6,954	1,029,200	매도	-	32,292	3.25
2차				994,560	매수			

ⓘ 대기중	[2차] 체결내역 상세보기	
	엑셀 저장(E)	
	CSV 저장(S)	
	[2차] 매수 날짜 변경	

여기서 주목해야 할 점은 매수 날짜순으로 정렬되고, 매도 내역은 해당 매수와 짝지어 보여준다는 것이다. 예컨대 첫 번째 2차 매수는 2023년 9월 27일에 발생했고, 3차 매수는 2023년 10월 16일에 발생했다. 그리고 첫 번째 2차 매도는 2023년 10월 23일에 발생했다. 보통 시간순으로 정렬하면 '2차 매수-3차 매수-2차 매도' 순으로 기록되어야 하지만, 매직 스플릿은 '2차 매수-2차 매도-3차 매수' 순으로 기록된다.

그 결과 2023년 9월 27일에 평균 매수 단가 6,630원으로 매수한 148주를 2023년 10월 23일에 평균 매도 단가 7,210원으로 매도해, 수수료 제외하고 8만 3,406원(수익률 +8.5%) 수익을 얻었음을 한눈에 알 수 있다.

또 한 가지 유용한 팁을 주자면, 매매 내역은 엑셀 파일로 저장이 가능하다. 필요한 경우 엑셀 파일에서 필터링해 원하는 정보만 볼 수 있다.

활용 전략①
매매 내역 관리
MAGIC SPLIT

매직 스플릿 매매 내역과 증권사 HTS 매매 내역이 어떻게 다른지 확인해보자. 우선 매매 내역을 확인하는 방식부터 차이가 있다. 매직 스플릿은 현재 진행 중인 매매 내역과 종료된 매매 내역을 함께 확인할 수 있다. 증권사 HTS는 현재 진행 중인 매매 내역과 종료된 매매 내역을 각각 확인한 후 합산해야 한다.

실제 'TYM' 종목의 매매 내역을 보면 이해가 빠르다. 우선 매직 스플릿의 매매 내역을 보면, 현재 진행 중인 매매 내역과 종료된 매매 내역이 함께 표시되어 있다. 살펴보면, 1차 매수(ⓐ) 이후 주가가 하락함에 따라 2차, 3차까지 분할매수가 진행되었고, 이후 주가가 반등해 3차와 2차가 분할매도(ⓒ)되었음을 알 수 있다. 각각 +330원(3차), +334원(2차)의 수익을 확정했다. 이후 주가가 다시 내려가 2차 분할매수(ⓑ)가 추가로 진행되었다.

매직 스플릿 매매 내역과 손익액

| 1 [3003] 매매내역 | | | | | | | | ⧉ 📌 ? ― |

| TYM (002900) 매매 내역 | 모든 매매 내역 |

| 전체보기 | 진행중인 매매 보기 | 종료된 매매 보기 | ⚙ 자동매매 설정 | 종목메모 |

매매건수		매입금액	평가/매도금액		손익액 ⓓ	수익률(%)		
4 건		22,120	23,005		833	3.77		
차수	날짜	수량	단가	금액	매매구분	현재가	평가손익	수익률
1차	2022.09.06	2	2,380	4,760	매수	2,290	-190	-3.99	ⓐ
2차	2022.09.26	2	2,220	4,440	매수			
2차	2022.10.31	2	2,392	4,785	매도	-	334	7.52	ⓒ
3차	2022.09.28	2	2,070	4,140	매수			
3차	2022.10.19	2	2,240	4,480	매도	-	330	7.97
2차	2022.11.03	4	2,195	8,780	매수	2,290	359	4.09	ⓑ

현재 진행 중인 1차 매수(ⓐ)와 2차 매수(ⓑ), 그리고 종료된 3차 매도와 2차 매도의 수익(ⓒ)을 합한 총손익(ⓓ)은 +833원(+3.77%)이다.

이제 키움 HTS에서 TYM 종목의 매매 내역을 확인할 차례다. 우선 현재 진행 중인 6주(매직 스플릿의 ⓐ+ⓑ)의 평가 손익은 +483원이다(키움증권 '0338' 화면의 실시간 잔고창에서 확인할 수 있다).

증권사 매매 내역과 평가 손익

	종목명	평가손익	수익률	매 입 가 ▼	보유수량	가능수량	현재가
☐	TYM	483	3.65%	2,204	6	6	2,290

[1] [0338] 실시간계좌관리(T) - 실시간 잔고(15단)

잔고확인 | 원장미체결 | 주문가능추정 | 잔고/미체결 | 잔고확인(실시간) | **잔고(15단)**

계좌번호 [ ] ▼ [ ]   유의사항

총매입 [ ]   총손익 [ ]   실현손익 0 일괄매도 ⚙
총평가 [ ]   총수익률 [ ]   추정자산 [ ]   조회 합

매도가 끝난 내역(매직 스플릿의 ⓒ)의 실현 손익은 +355원이다(키움증권 '0328' 실현 손익창에서 매도가 발생한 날짜로 조회할 수 있다).

증권사 매매 내역과 실현 손익

[1] [0328] 실현손익 - 일별 종목별 실현손익

당일실현손익상세 | 종목별당일손익 | **종목별실현손익** | 일별실현손익

계좌번호 [002900] ▼ [ ] ○일자 2022/11/09 ⊙기간 2022/10/18 ~ 2022/11/18 조회
종목코드 002900 ▼ Q 신 TYM | 실현손익 | 355 총수익률 3.99% 다음

* 실현손익합계는 당사 계산에 의한 추정치이며, 수수료는 체결시 수수료로 적용됩니다.
* 일별실현손익은 최근 1년까지만 조회가능하며, 누적조회기간은 최대 3개월까지만 조회가능합니다.

일자	구분	종목명	수량	매입가	매도체결가	실현손익	수익률	수수료
2022/10/31	현금	TYM	1	2,223.33	2,395	167.67	7.54	
2022/10/31	현금	TYM	1	2,223.33	2,390	162.67	7.32	
2022/10/19	현금	TYM	2	2,223.33	2,240	24.33	0.55	

평가 손익과 실현 손익을 더한 총손익은 +838원이다. 앞서 살펴본 매직 스플릿의 총손익(+833원)과 거의 일치한다(금액이 완벽하게 일치하지 않는 이유는 평균 매수 단가 반올림 시 오차 범위에 따른 것으로, 수익률에 큰 영향은 없다). 이처럼 매직 스플릿과 증권사 HTS의 수익 계산법은 다르지만 최종 결과

는 같다. 결론은 증권사 HTS의 수익률과 잔고에 신경쓰지 말고 편하게 매직 스플릿 내역만 확인하면 된다는 것이다.

매직 스플릿의 수익과 증권사 HTS 수익이 다른 이유

"매직 스플릿 수익과 증권사 HTS 수익이 왜 다른가요?" 실제로 많은 분들이 물어보는 질문이다. 매직 스플릿에서는 +5% 수익으로 나오는데, 증권사 HTS에서는 마이너스 실현 손익이 나오는 이유가 무엇일까?

만약 매직 스플릿에서 +-5% 단위로 분할매매 세팅을 한 경우, 주가가 내려 1~5차까지 계속 매수하고 이후 5차가 반등해 수익 실현을 하면 매직 스플릿은 +5% 수익으로 기록한다. 반면에 증권사 HTS는 매도 건이 평균 매입가보다 낮기 때문에 -n% 수익으로 기록하는 것이다. 그러나 계속해서 매수-매도를 하면 어느 순간 증권사 실현 손익이 매직 스플릿보다 높게 나타난다. 그리고 만약 주가가 올라 매직 스플릿 1차수까지 수익 실현을 하게 되면 증권사 HTS 손익과 매직 스플릿 손익이 같아진다.

이런 현상이 나타나는 이유는 증권사 HTS의 경우 항상 평균 매수-매도 단가를 기준으로 수익률을 계산하고, 매직 스플릿은 매수 단가를 독립적으로 저장했다가 매도가 발생할 때마다 저장한 매수 단가와 비교해 수익률을 표현하기 때문이다. 결론적으로 두 가지 모두 동일한 수익률을 나타내는 것이지만, 증권사 HTS 잔고와 비교하면 혼동이 올 수 있다.

최근 매직 스플릿이 업데이트되어 '매직 스플릿 수익 그래프' 보기가 추가되었다. 수익 그래프에서 보이는 만큼 '추정 자산'이 늘지 않는 이유를 묻는 분들도 있다. 증권사 '추정 자산'은 예수금 D+2와 평가 손익을 더한 금액이다. 그러나 차수별로 수익을 관리하는 매직 스플릿의 수익은 조금 달리 생각해야 한다. 예를 들어 설명하면 이렇다. 매직 스플릿으로 1~5차까지 매수했다가 5차가 +5%(10만 원) 수익이 발생했다고 가정하자. 투자자가 5차수를 매도하면, 매직 스플릿은 +5%(10만 원) 수익으로 기록한다. 그러나 1~4차까지는 아직 손실의 영역이다. 반면에 증권사는 평균 매수 단가 이하의 경우 손실로 기록하기 때문에 추정 자산이 늘지 않는 것이다. 그러나 4차, 5차,

매직 스플릿

6차에서 매수-매도가 많이 발생해 증권사 평균 매수 단가를 많이 낮추어 놓으면 이후 매도부터는 증권사 HTS에서도 모두 수익으로 잡혀 '추정 자산'이 늘어난다. 결론은 매직 스플릿의 분할매수-분할매도의 힘을 믿고 계속 투자에 힘쓰면 매직 스플릿의 수익을 계좌 전체의 수익이 계속 따라오는 현상을 경험하게 될 것이다.

매직 스플릿과 증권사의 손익 실현 사이클

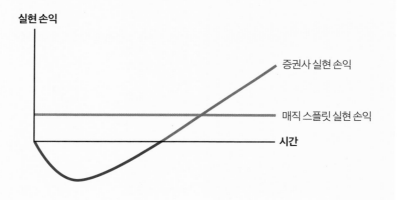

활용 전략②
자동감시 주문

MAGIC SPLIT

 매직 스플릿에는 '자동감시 주문' 기능이 탑재되어 있다. 자동감시 주문은 예약한 주문을 관리·실행하는 통합관리 기능이다. 간단히 말해 '예약 매수' 기능이다(PC의 경우 1.1.24 이후 버전부터 기능을 쓸 수 있다).

① 예약 매수

예약 매수 기능은 특정 종목 주가가 사용자가 지정한 가격까지 내려왔을 때 1차로 신규 매수하는 기능이다. 평소 관심 있는 종목을 등록하면 매번 주가를 확인하지 않아도 자동으로 매수가 진행된다. 그런데 몇 가지 참고할 내용이 있다.

- 신규 매수만 해당하며 잔고에 존재하는 종목은 등록할 수 없다.
- 예약 매수는 반드시 자동매매 체크가 되어 있어야 작동한다.
- 최대 100종목까지 등록할 수 있다(100건 이후 등록 시 히스토리에 '등록 실패'로 기록된다.
- 현재 '매수'만 등록 가능하다. '매도' 기능은 추가로 세팅할 계획이다.
- 자동감시 주문의 보호 설정은 '전체 보호 설정', '당일 최대 매수 금액 설정'만 적용된다.
- '예약 매수' 동작 시 '자동매매 로그'에서 자세한 매수 정보를 확인할 수 있다.

화면창 하단에 있는 '자동감시' 체크 여부로 예약 매수를 동작시키거나 해제할 수 있다. '자동감시(2)' 숫자 표시로 현재 몇 개의 자동감시가 등록되었는지 알 수 있다. '예약 매수'를 관리하려면 화면창 하단의 '설정' 버튼을 누르면 된다. '자동감시 주문' 화면이 뜨고 현재 등록된 자동감시 목록이 보인다.

자동감시 활성 여부

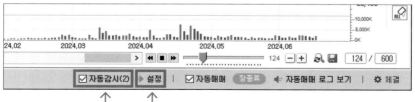

자동감시 활성 여부 자동감시 설정 보기

총 4개의 탭으로 관리하며 각 탭의 설명은 아래와 같다.

❶ **자동감시 현황:** 현재 감시 진행 중인 현황을 보여준다.
❷ **자동실행 내역:** 실행된 감시 내역을 확인할 수 있다.
❸ **자동실행 실패 내역:** 감시 실행이 실패된 내역을 확인할 수 있다.
❹ **히스토리:** 감시 등록, 실행 등 모든 이벤트 히스토리를 확인할 수 있다.

자동감시 주문

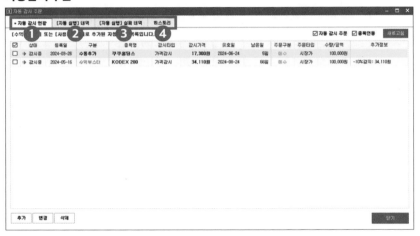

'예약 매수'를 추가하려면 자동감시 주문창의 '추가' 버튼을 클릭해서 '감시 조건'과 '실행 조건' 정보를 입력하면 된다. 예약 매수하고 싶은 종목 명과 가격, 그리고 유효일 등이다. 여기서 유효일은 특정 가격대가 오기까지 감시하는 기간을 의미한다. 예컨대 지금부터 30일까지만 감시하도록 지정할 수 있다. 기간이 만료되면 해당 감시 목록은 자동으로 삭제된다.

예약 매수 추가

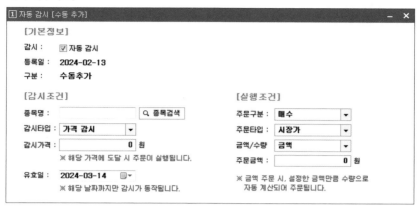

참고로 자동감시 기능은 '다중 선택 작업'이 가능하다. 마우스 오른쪽 버튼을 눌러 현재 체크한 종목들의 감시를 시작, 중지, 일괄 삭제할 수 있다. 체크 항목 상단을 클릭하면 모든 종목을 일괄 선택할 수 있다.

다중 선택 작업

등록한 '예약 매수'가 조건에 맞아 실행되면 '자동실행 내역'에서 내역을 확인할 수 있다.

자동실행 내역

자동으로 처음(1차) 매수한 종목이니까 '자동매매 로그'가 깜박거리고, 자동매매 로그에 '신규' 항목이 생긴다. 실제로 체결된 정보까지 확인할 수 있다.

자동매매 신규 주문

매직 스플릿

② 수익 부스터

'수익 부스터'는 매수한 종목이 1차에서 바로 팔리는 안타까운 상황을 보완하기 위한 기능이다. 수익 부스터의 원리는 이렇다. 매직 스플릿이 자동으로 주가를 감시하다가 사용자가 세팅한 조건에 이르면 자동으로 1차 매수를 진행한다. 이후 주가가 상승해 추가 매수가 아닌 1차 매도가 이루어지면 해당 종목을 잊지 않고 기억했다가 사용자가 미리 지정한 가격으로 주가가 하락할 때 자동으로 재매수한다. 비유컨대 높은 망루에 보초병을 세워 상대방 움직임을 살펴보는 것이다.

수익 부스터 원리

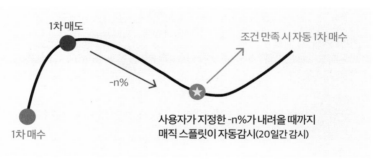

매직 스플릿을 활용해 최고의 수익을 얻으려면 일명 '사팔사팔'을 자주 반복해야 하는데, 1차에서 매수한 종목이 2~3차까지 못 가고 바로 수익이 나 매도되는 경우가 심심치 않게 발생한다. 2~3차를 몇 번 반복해 추가로 수익을 얻더라도 주봉상 길게 본 종목이라면 1차까지 졸업한 종목을 메모해 두었다가 적절한 가격이 오면 재매수해야 한다. 그런데 이 과정이 생각보다 어렵고 귀찮아서 좋은 종목을 떠나보내기도 한다. 바로 이럴 때 필요한 기능이다.

수익 부스터의 좋은 예

'수익 부스터' 기능 설정은 '자동매매 설정'에서 가능하다.

❶ '자동매매 설정'에서 자동매매를 선택한다.

❷ 하단 '수익 부스터' 설정을 체크한다.

❸ 해당 종목이 1차 수익 실현 매도 시 재매수할 조건(하락률, 매수금, 자동 감시 기간)을 설정한다.

❹ 해당 종목이 매도되어 잔고에서 사라지면, ❸번에서 지정한 설정대로 '자동감시 주문' 등록이 된다.

매직 스플릿

수익 부스터 기능 설정

수익 부스터 기능 적용 시 바탕색이 연두색으로 바뀐다.

수익 부스터 적용

수익률	매입금액	평가금액	자동	1차	2차	3차	4차	5차
-1.37	27,700	27,550	Ⓐ	-1.37				
3.08	715,725	744,240	Ⓐ	2.40	3.72			
7.87	244,450	265,950	Ⓐ	7.59	7.72	8.32		
-5.65	2,650,600	2,523,500	Ⓜ	-0.66	-5.79			
-1.01	444,600	444,000	Ⓜ	9.27	10.60			
2.47	371,500	384,000	Ⓜ	2.47				

자주 묻는 질문

Q: 수익 부스터 동작 시 -n% 하락을 기다리지 않고 바로 매수할 수 있나요? 1차 매도 후 계속 상승할 경우 수익 부스터가 설정되었더라도 매수 기회가 없어지는 것을 방지하고 싶습니다.

A: 1차 수익 실현 매도 후 하락 감지 '%'를 -0.01%로 설정하면 됩니다. 자동감시 시스템은 -0.01%로 등록될 경우 조건을 기다리지 않고 종목의 현재가로 즉시 자동매수합니다.

매직 스플릿

Q: 수익 부스터 동작 후 신규로 매수될 때 자동매매 설정은 어떤 것이 설정되나요? 기존 설정이 적용되나요, 아니면 기본매매 설정이 적용되나요?

A: 매도 전 설정해 둔 '기존 자동매매 설정'이 적용됩니다. '기본 매매 설정'으로 적용하려면 '자동전략 설정-기타 설정-수익 부스터 자동매매 설정 선택'에서 변경할 수 있습니다.

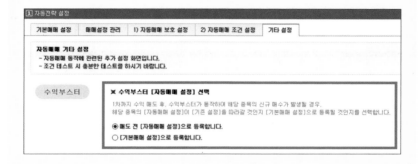

활용 전략③
과거 거래 내역 조회

MAGIC SPLIT

'과거 거래 내역 조회' 기능은 매직 스플릿으로 거래한 모든 종목을 조회하고 수익률과 상세 내역을 한 번에 확인할 수 있는 기능이다. 매매 결과 데이터를 엑셀이나 CSV로도 저장할 수 있다. 자신의 매매 패턴을 여러 가지로 활용할 수 있다는 장점이 있다. '과거 거래 내역 조회' 기능을 이용하려면 실시간 잔고 '3001' 화면에서 '과거 거래 종목' 탭을 클릭하면 된다.

과거 거래 종목

조회 대상은 세 가지 형태로 선택할 수 있다.

❶ **현재 보유 종목** : 현재 잔고에 보유한 종목을 추출한다.
❷ **과거 거래 종목(보유 종목 포함)** : 현재 보유 종목을 포함해 과거에 거래했던 종목을 추출한다.
❸ **과거 거래 종목(보유 종목 불포함)** : 현재 보유 종목을 포함하지 않는 과거 거래 내역의 종목을 추출한다.

'과거 거래 종목' 조회는 날짜 검색을 기반으로 하며, 이때 날짜는 '매도일'을 기준으로 한다. 특정 종목의 상세 거래 내역을 알고 싶다면 '과거 거래 종목' 조회 내역에서 원하는 종목을 선택하면 된다. 매매 내역 '3003' 화면의 '모든 매매 내역' 창으로 자동 전환되어 상세 내역을 확인할 수 있다.

모든 매매 내역

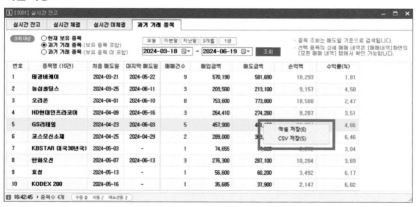

[3003] 매매내역

태경비케이 (014580) 매매 내역 | **모든 매매 내역 (GS리테일)**

종료된 매매 내역 | 검색 🔍 | 2024 ▼ 년 | 6 ▼ 월 | 전체 ▼ 일 | 조회 | 오늘 | 이번달

매매건수	매입금액	평가/매도금액	손익액	수익률(%)
5 건	457,900	481,150	22,254	4.86

차수	날짜	종목명	수량	매입단가	매매구분	매도단가	평가손익	수익률
4차	2024.04.12	GS리테일	5	19,050	매수			
4차	2024.04.23	GS리테일	5	19,050	매도	19,660	2,854	3
3차	2024.04.12	GS리테일	5	19,580	매수			
3차	2024.05.08	GS리테일	5	19,580	매도	20,250	3,148	3.22
2차	2024.04.04	GS리테일	5	20,150	매수			
2차	2024.05.10	GS리테일	5	20,150	매도	20,800	3,043	3.02
2차	2024.05.16	GS리테일	4	20,400	매수			
2차	2024.06.03	GS리테일	4	20,400	매도	22,200	7,021	8.6
1차	2024.03.26	GS리테일	4	20,600	매수			
1차	2024.06.03	GS리테일	4	20,600	매도	22,200	6,221	7.55

엑셀 저장

[3001] 실시간 잔고

실시간 잔고 | 실시간 체결 | 실시간 미체결 | **과거 거래 종목**

조회대상 ○현재 보유 종목 / ○과거 거래 종목 (보유 종목 포함) / ○과거 거래 종목 (보유 종목 미 포함)

오늘 | 이번달 | 지난달 | 3개월 | 1년
2024-03-18 ▼ ~ 2024-06-19 ▼ | 조회

· 종목 조회는 매도일 기준으로 검색됩니다.
· 선택 종목의 상세 매매 내역은 [매매내역]화면의 [모든 매매 내역] 탭에서 확인 가능합니다.

번호	종목명 (10건)	처음 매도일	마지막 매도일	매매건수	매입금액	매도금액	손익액	수익률(%)
1	태경비케이	2024-03-21	2024-05-22	9	570,190	581,690	10,293	1.81
2	농심홀딩스	2024-03-25	2024-06-11	3	203,500	213,100	9,157	4.50
3	오리온	2024-04-01	2024-06-10	8	753,600	773,800	18,588	2.47
4	HD현대인프라코어	2024-04-09	2024-05-16	3	264,410	274,260	9,287	3.51
5	GS리테일	2024-04-23	2024-06-03	5	457,900			4.86
6	코스모신소재	2024-04-25	2024-04-29	2	289,000			6.46
7	KBSTAR 미국30년국기	2024-05-03	-	1	74,655			3.04
8	한화오션	2024-05-07	2024-06-13	3	276,300	287,100	10,204	3.69
9	효성	2024-05-13	-	1	56,600	60,200	3,492	6.17
10	KODEX 200	2024-05-16	-	1	35,685	37,900	2,147	6.02

(엑셀 저장(E) / CSV 저장(S))

16:42:45 ▶ 종목수 4개 | 수동 0 | 자동 2 | 매도완료 2

'과거 거래 내역'을 엑셀로 저장하려면, '과거 거래 종목'에서 마우스 우

클릭을 하면 저장 메뉴가 나온다. 저장 메뉴를 클릭하면 엑셀 또는 CSV

파일로 매매 내역을 저장할 수 있다.

　이상에서 정리한 내용 외에도 '자동매매 시스템 환경 만들기', '컴퓨터 1대로 계좌 2개 운영하기' 등 심화 과정도 있지만, 책에서는 생략한다. 만약 책의 내용을 모두 숙지하고 다음 단계로 넘어가길 원한다면 참고하기 바란다.

❶ 손 하나 까닥하지 않는 자동매매 시스템 환경 만들기(wikidocs.net/172907)
❷ 컴퓨터 1대로 계좌 2개 운영하기-수동매매(wikidocs.net/189899)
❸ 컴퓨터 1대로 계좌 2개 운영하기-자동매매(wikidocs.net/174096)

활용 전략④
매직 스플릿 모바일 앱

MAGIC SPLIT

마지막으로 매직 스플릿 모바일 앱에 대해 알아보자. 모바일 앱은 구글플레이나 앱스토어에서 다운로드할 수 있다.

매직 스플릿 모바일 앱은 PC 버전에 등록해야만 사용할 수 있다. 모바일 앱 하단 '내 정보-디바이스 아이디'에 있는 15자리 아이디를 PC 버전 '환경 설정-모바일 앱 사용 설정-기기 등록'에 등록한다.

참고로 매직 스플릿 모바일 앱은 PC 버전과 함께 동작한다. 모바일 앱이 온라인 상태(PC 프로그램이 켜져 있는 경우)일 때는 정보가 실시간으로 연동되며, 오프라인 상태(PC 프로그램이 꺼져 있는 경우)일 때는 마지막에 저장된 정보가 보여진다.

①잔고

모바일 앱 설치 후 로그인을 하면 매직 스플릿 첫 화면인 '잔고' 내역이 보인다. 잔고 내역은 증권사 HTS의 내역과 동일하다.

매직 스플릿 모바일 앱

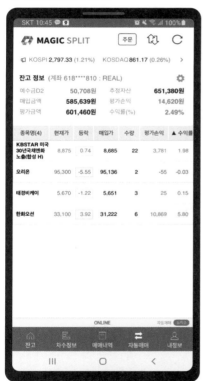

②차수 정보

모바일 앱 하단 '차수 정보'를 클릭하면 종목별 차수 현황을 확인할 수 있다. 해당 종목의 당일 등락률, 차수별 수익률, 차수별 진행 상황, 자동매매 여부 등을 볼 수 있다. 'A' 표시는 자동매매, 'M' 표시는 수동매매, 연둣빛 바탕색은 수익 부스터 기능이 활성화되어 있음을 의미한다.

차수 정보

매직 스플릿

③ 매매 내역

모바일 앱 하단 '매매 내역'을 클릭하면 매매가 종료된 내역, 즉 수익 실현이 이루어진 종목을 확인할 수 있다. 매도 차수와 매칭되는 매수 차수가 나란히 기록되며 차수, 날짜, 종목명, 수량, 구분(매수/매도), 손익, 수익률을 볼 수 있다.

종료 매매 내역

④ 자동매매 내역

모바일 앱 하단 '자동매매'를 클릭하면 PC 버전에서 자동매매로 설정한 종목의 매매 내역을 확인할 수 있다. 사용자는 모바일 앱의 자동매매 내역만 살펴봐도 오늘 어떤 종목을 추가 매수했고, 어떤 종목을 수익 매도했는지 한눈에 확인할 수 있다.

자동매매 내역

⑤ 계좌 변경

 PC 버전에서 계좌를 2개 이상 운영한다면 모바일 앱에서 계좌를 변경
해가며 매매 내역을 확인할 수 있다. 모바일 앱 상단의 계좌 변경 버튼을
누르면 자신이 보유한 계좌를 선택하는 메뉴가 나타난다. 이 화면에서 계
좌를 바꾸어가며 매매 내역을 확인할 수 있다.

모바일앱 계좌 변경

⑥ 주문

모바일 앱 상단의 '주문' 버튼을 누르면 매수, 매도, 체결, 미체결, 메시지 탭이 나온다. 매수, 매도 탭에서 주문 정보를 입력해 매매할 수 있으며, 주문 후 체결, 미체결 탭에서 진행 상황을 확인할 수 있다. 현재 보유 중인 종목의 경우 '차수 정보'에서 해당 종목을 클릭하면 빠른 주문이 가능하다.

자동매매 내역

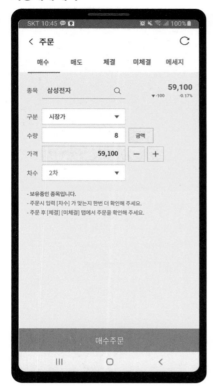
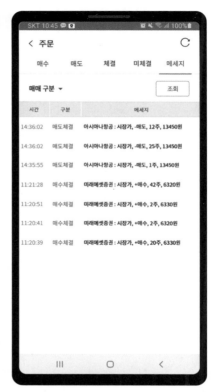

매직 스플릿

MAGIC
SPLIT

당신의 경제적 자유를 응원한다

나는 '경제적 자유를 찾아서'라는 네이버 카페를 운영하고 있다. 2022년 봄에 개설했는데 2024년 현재 회원 수가 약 3만 명을 넘었다. 카페에는 주식 투자뿐만 아니라, ETF, 해외주식, 달러/엔화 투자, 부동산 투자 등의 카테고리가 개설되어 있고, 참여자들은 해당 카테고리별로 저마다 원하는 정보를 주고받으며 '경제적 자유'를 얻고자 고군분투한다. 여기에서 매직 스플릿 프로그램도 무료로 다운받을 수 있다.

많은 회원이 매직 스플릿 프로그램으로 번 수익을 다른 회원과 공유한다. 누가 강요한 것이 아니다. 그들 스스로 자발적으로 참여, 소통한다는 점이 놀랍다. 회원들은 직업, 나이, 성별, 투자금 규모, 수익률 등 공통점이 거의 없다. 하지만 주식 투자 시 분할매도-분할매수를 함으로써 시장 상황과 관계없이 하루하루 수익을 만들어간다. 장 마감 시간 이후 어김없이 공유

되는 회원의 수익 이야기를 들여다보고 있으면 이분들의 경제적 자유에 일정 부분 도움이 된 것 같아 뿌듯함에 입가에 미소가 지어진다.

개인적으로는 매직 스플릿 프로그램이 주식 투자에 통한다는 걸 신뢰하지만, 혹시라도 누군가에겐 독이 될 수 있겠다는 우려도 분명히 있다. 승률 100%의 게임은 세상에 없다. 이 사실을 카지노 도박과 주식시장에서 오랫동안 체험했다. 다만 내가 경험했듯 탐욕을 내려놓고 냉정함을 유지하며 매직 스플릿을 활용하면 '잃지 않는 투자', '꾸준히 수익이 나는 투자'가 무엇인지 감이 올 것이다.

나는 종종 매직 스플릿을 드릴에 비유해 소개한다. 세상에는 많은 드릴 회사가 있다. 한 개발자가 기존과 달리 특별한 기능을 가진 드릴을 개발해 시장에 내놓았다. 신형 드릴은 돌아갈 때 동반되는 소음과 진동이 눈부시게 개선되었고, 가벼운 원터치로 드릴 돌아가는 속도 조절까지 가능했다. 게다가 기존 드릴에서 볼 수 없었던 AI 기능이 탑재되어 뚫어야 할 물건의 강도에 따라 자동으로 7단계까지 강약을 조절해 구멍을 뚫었다.

신형 드릴을 구매한 사람들은 사용 목적이 저마다 달랐다. 어떤 사람은 단순히 나사를 박는 용도로 사용했다. 또 어떤 이는 드릴 앞에 솔을 달아 변기 청소용으로 썼다. 호기심 많은 사람은 선풍기 프로펠러를 드릴에 달았다. 매직 스플릿 개념이 이와 같다.

　나는 신형 드릴을 개발하고 드릴의 기본 사양을 소개한 것뿐이다. 이 시스템을 어떻게 사용할지는 사용자의 몫이고 결과 또한 사용자의 실력에 따라, 고민하는 깊이에 따라 달라질 것이다. 시스템을 만들었다고 정답까지 제시할 수는 없다. 또 내가 정답이라고 제시한 그것이 정답일 리도 만무하다. 투자는 일정 부분 불확실성을 떠안고 가야 하는 행위다. 모두가 불안해하는 시장에서 안정성을 염두에 둔 채 최대한, 가급적 안정적인 방향을 제시하는 시스템이 매직 스플릿이라고 생각한다. 한방에 왕창 버는 걸 선호하는 투자자와는 궁합이 안 맞을 수도 있다. 그러려면 투자금도 많아야 하고, 배포도 커야 한다. 다만 어떤 상황에서도 절대 잃지 않는 안전한 투자를 원한다면 매직 스플릿 시스템이 안성맞춤이다.

　이 책에서 소개한 매직 스플릿 투자와 수익 결과는 내가 직접 세팅해서 만들어낸 것들이다. 투자자 각자의 상황, 처지, 투자금 등에 따라 자신에게 유리한 조건을 만들어 세팅할 수 있다. 이것이 중요하다. 블로그와 카페에도 이 부분을 묻고 최적의 값을 찾아 이리저리 적용하는 분이 많은 것으로 안다. 매직 스플릿이라는 그물의 그물코를 크게 할지 작게 할지는 사람마다 다르다. 언제 매수하고 언제 매도할지 정답이 정해져 있지 않다. 처음엔 최적의 결과를 만들어내기 위한 시행착오의 시간이 필요할 수도 있다. 그 과정을 거쳐 여러분만의 투자 세팅 값을 만들어 투자에 임하기를 바란다.

투자 행위는 외로운 싸움이다. 내가 제대로 투자하고 있는지, 과연 옳은 길로 가는지 궁금하다. 고민도 혼자, 의사결정도 혼자 내려야 한다. 혹자는 군중에서 멀리 떨어져서 혼자 판단하고 실천하는 투자를 강조하기도 한다. 일리 있지만, 그 길이 외롭다 못해 처량하다.

카페에서 자발적으로 활동 중인 회원들은 서로의 글을 보면서 동지애를 느낀다. 매직 스플릿 사용 후기와 나름의 전략, 보완되었으면 하는 내용 등을 활발히 공유한다. 일면식도 없는 사람들이 서로 위로하고 응원하는 마법을 볼 수 있어 행복하다. 이 부분이 매직 스플릿 사용자가 모인 카페의 가장 큰 장점인 듯하다. 오늘도 '경제적 자유'를 얻기 위해 내딛는 여러분의 한 걸음 한 걸음, 그리고 날로 성장하는 이야기를 훔쳐보며 나 역시 감동한다. 나태하지 말자는 다짐도 해본다. 여러 가지로 행복하고 두루두루 감사한 마음뿐이다. 이 책의 모든 독자의 삶이 모쪼록 행복으로 가득 넘치고 덧씌워지기를 바란다.

매직 스플릿

초판 1쇄 발행 2024년 8월 20일
초판 2쇄 발행 2024년 11월 20일

지은이 박성현
브랜드 경이로움
출판 총괄 안대현
책임편집 심보경
편집 김효주, 정은솔, 이제호
마케팅 김윤성
디자인 Design IF

발행인 김의현
발행처 (주)사이다경제
출판등록 제2021-000224호(2021년 7월 8일)
주소 서울특별시 강남구 테헤란로33길 13-3, 7층(역삼동)
홈페이지 cidermics.com
이메일 gyeongiloumbooks@gmail.com (출간 문의)
전화 02-2088-1804 **팩스** 02-2088-5813
종이 다올페이퍼 **인쇄** 재영피앤비
ISBN 979-11-92445-83-0 (03320)